家庭农场经营读本

张广花 编著

浙江工商大学出版社
ZHEJIANG GONGSHANG UNIVERSITY PRESS

图书在版编目(CIP)数据

家庭农场经营读本 / 张广花编著. —杭州：浙江
工商大学出版社，2016.1(2018.10 重印)

　ISBN 978-7-5178-1377-4

　Ⅰ. ①家… Ⅱ. ①张… Ⅲ. ①家庭农场－农场管理
Ⅳ. ①F324.1

中国版本图书馆 CIP 数据核字(2015)第 268296 号

家庭农场经营读本
张广花 编著

责任编辑	沈明珠　任晓燕	
责任校对	沈敏丽	
封面设计	林朦朦	
责任印制	包建辉	
出版发行	浙江工商大学出版社	
	（杭州市教工路 198 号　邮政编码 310012）	
	（E-mail:zjgsupress@163.com）	
	（网址:http://www.zjgsupress.com）	
	电话:0571-88904980,88831806(传真)	
排　　版	杭州朝曦图文设计有限公司	
印　　刷	虎彩印艺股份有限公司	
开　　本	850mm×1168mm　1/32	
印　　张	3.5	
字　　数	80 千	
版 印 次	2016 年 1 月第 1 版　2018 年 10 月第 8 次印刷	
书　　号	ISBN 978-7-5178-1377-4	
定　　价	15.00 元	

前　言

　　家庭农场是什么，如何创办与经营等问题，是近两年我国最为关注的农业话题。对于当前的农业而言，分散的一家一户土地高度碎片化的生产模式，是与粮食稳定、家庭温饱联系在一起的，却很难实现农业、农村更进一步的发展。只有提高农业劳动生产率，释放农村人口红利，增加单元可耕地效益，农村才会有发展的动力。家庭农场顺应农业、农村发展要求，能有效提高农业劳动生产效率，更加高效、经济地利用有限的土地资源。家庭农场逐渐成为一种新型农业经营组织形式。

　　家庭农场是推动农业发展的重要组织形式之一，适度规模的家庭农场表现出了很大的优越性：它规模适度，便于调整布局；商品率高，易形成较大规模的商品生产；它使劳动生产率提高、农民收入增多，其经济效益更佳、社会效益更好。这种家庭农场既避免了"均田承包制"因规模小而带来的弊端，又能保持具有生命力的家庭经营形式，它将是我国农业理想的经营形式。家庭农场发展具有"先有基层创新实践，后有中央文件推广"的特点，是以家庭承包经营为基础，逐步构建的一种新型农业经营体系。

　　从全国各地实践看：家庭农场与欧美等国的大农场、私有化有明显的区别。短期内，我国的家庭农场小规模、精耕细作等特征不会有根本改变。在组织形式上，家庭单位依然较为适宜，但比起目前一家一户高度均匀的耕作模式，如果有效吸收小农经济的优点和现代农业的长处，则还会有较大的发展空间。但实践过程中出现的一些突出问题阻碍了家庭农场的发展。那么，家庭农场发展如何更合理，模式如何更科学，农业增长和农民增收效果要怎样才能达到，这些问题成了各级党委和政府特别关注并寻求破解的难题。

本书介绍家庭农场的相关创办条件及发展意义，总结出不同地方家庭农场的主要模式，在家庭农场经营要素（融资、农业机械配置、土地流转）、制度服务和政策等方面进行了较为全面的阐述，结合浙江家庭农场的示范化建设进行了初步调研，探究浙江家庭农场先进的经验和典型的做法；分析了建设过程中存在的突出问题并提出对策建议，以期推进家庭农场发展成果尽快惠及广大农村、农民。

本书编写本着通俗性、实用性和可操作性的原则，通过举例示范，详细阐述了家庭农场的土地流转、融资和规模确定等关键内容，力求解决家庭农场涉及的最核心问题，为在农村的创业者提供全面的参考。本书适用于返乡创业青年、有志于农业经营的大中专学生等群体阅读、学习，也可以作为涉农类高职院校的公选课读本或参考教材。

全书由七个部分组成，包含家庭农场的基本定论和发展意义，适度规模的确定，家庭农场的土地流转与模式，家庭农场的融资，农业机械的配置，服务制度和政策扶持等内容。

本书由浙江农业商贸职业学院的副教授张广花担任主编，负责大纲制定和内容把关，并对本书进行总体编纂。本书在编写过程中，得到绍兴市金箔家庭农场的大力支持，在此表示深深的谢意。

　　由于家庭农场是我国新型的农业组织形式,其发展运行过程中很多政策和要素利用方式还处于探索阶段,家庭农场的复制政策也处于探索之中,书中难免存有疏漏,恳请专家和读者批评指正。

编　者

2015.09

■ 家庭农场经营读本

目　录

绪　论

原平家庭农场倒逼农机户走"三精"路

2012 年以来,山西省原平市家庭农场发展迅速,总数已有上千家。家庭农场的出现,对于农业机械化服务有什么要求?农机专业户在家庭农场发展迅速的情况下又怎样转变自己的服务?该市农业部门就这一问题进行了一项调查,通过调查发现,家庭农场的出现催生农机专业户向"三精"转变。

机械精

从调查的情况来看,该市的家庭农场经营的土地面积 90% 都在 100 亩以内,而且其中绝大部分都只有少量农机甚至根本没有农机,这些家庭农场的农田作业还得靠农机专业户来提供服务。然而从另一个角度来讲,这些家庭农场比起过去一家经营几亩土地的农户来说,绝对是大客户,对农机专业户来说,家庭农场自然是争取的对象。一些农机专业户不但需要配齐从种到收的全程农机,而且一些精播机、联合收割机等精细农机也必须配备,只有这样,才能与家庭农场建立稳定的客户服务关系。例如新原乡小河村农机专业户赵掌科就购买了精播机、联合收割机等,还组织其余 4 户农业专业户组成农机专业合作社,拓宽了经营服务渠道。

技术精

有了好机械还必须有好技术,才能更好地操作。如今的家庭农场,讲究的是高效经营,向单位面积土地要效益。为了掌握新农机赋予的新技术,原平市不少老农机驾驶员重新回炉学技术,而更多的农机驾驶员则在实践中精心操作,真正掌握整地平、刮堰直、下种匀、机收净的操作技术,使自己在家庭农场的发展中有用武之地。

经营精

从调查的情况看,经营精分为两个方面:一是自己的经营,通过设计单车核算,勤快保养,提高单车效益;二是在为家庭农场服务时,通过地块就近连接、地堰的规范设计等来降低运营成本。比如:地块就近连接可减少空车跑路,而把地堰设计成机车单幅,双幅作业,又能节省油料,便于操作。而所有这些,都需要农机专业户与家庭农场主及早沟通,进行规范设计,使农场主与农机户在相互经营中实现双赢。

资料来源:《农民日报》,2013 年 5 月 17 日第 8 版

2008 年,十七届三中全会《关于推进农村改革发展若干重大问题的决定》就提出,有条件的地方要发展专业化大户、家庭农场。2013 年中央一号文件则是进一步把家庭农场作为重要新型农业经营主体,纳入了新型农业经营体系。由此,家庭农场成为一个社会关注的焦点。

家庭农场是什么,如何发展,谁来经营等是近年我国最为关注的农业话题,早在 20 世纪 80 年代就有很多篇相关文章发表在各

类期刊上,随着家庭农场的发展和完善,大量探讨家庭农场发展的文章不断出现在各类网站、报刊和专著中,这说明家庭农场发展越来越受人们的关注和重视。农业、农村问题历来是我国特别重视的问题,每一次中央一号文件政策的出台,都会对"三农"问题产生一定的影响,特别是党的十八届三中全会通过的《中共中央关于全面深化改革若干重大问题的决定》提出:"坚持家庭经营在农业中的基础性地位,推进家庭经营、集体经营、合作经营、企业经营等共同发展的农业经营方式创新。"

2014 年中央一号文件进一步提出,要以解决好"地怎么种"为导向,加快构建新型农业经营体系。引导和扶持家庭农场发展,是推动新型农业经营方式创新,解决好新时期下地怎么种的重要途径。为此,必须准确把握家庭农场的基本特征,充分认识家庭农场发展的重要意义,积极稳妥地引导、扶持家庭农场健康发展。

当前,我国农业、农村出现了兼业化、空心化、老龄化的新情况,原有分散化的农业经营模式,不能适应新情况的变化,亟须构建新型农业经营体系。家庭农场在保持原有土地性质不变的前提下,保留了农户家庭经营的构成要素,同时又发展了适度规模,这符合我国目前国情下的农业生产特点,是引领新时期农业发展的一种高效生产组织形式。

对于国家构建新型农业经济体系的要求,各地积极响应,特别是上海松江、湖北武汉、吉林延边、浙江宁波、安徽郎溪等地区结合自身情况,深入研究,在摸索中发展家庭农场。家庭农场发展的标准、模式问题,成了政府、相关专家以及基层百姓群众争相讨论的热点话题。家庭农场发展具有"先有基层创新实践,后有中央文件推广"的特点,是以家庭承包经营为基础,逐步构建的一种新型农业经营体系。家庭农场符合农业、农村发展要求,它将提高农业劳动生产率,有利于更加高效、经济地利用有限的土地资源,有效破解农业的发展、农民的增收问题。家庭农场不仅改变着农村老龄化、农户兼业化等问题,也避免了规模小而无效、规模大而不精的双重弊病。

一、家庭农场的含义

(一)第一次提出家庭农场的概念

2013 年中央一号文件明确指出要"坚持依法自愿有偿的原则,引导农村土地承包经营权有序流转,鼓励和支持承包土地向专业大户、家庭农场、农民合作社流转,发展多种形式的适度规模经营"。其中,"家庭农场"的概念首次在中央一号文件中出现,标志着家庭农场这一组织形式得到了中央的认可和支持。家庭农场这种生产组织形式在劳动力、土地要素、生产方式以及家庭主要收入来源等方面做了规定。

(二)家庭农场的新解释

什么是家庭农场?在国内,为了将家庭农场与传统分散的小规模农户区别开来,从规模、商品率等方面进行了规定。尽管不同的学者和部门从各自的角度对家庭农场做了阐释和解读,但总的来看,差别不大,其概念大致可以表述为:家庭农场是以农户家庭为单位,主要利用家庭自身劳动力,长期专业从事农业生产,生产经营规模适度,集约化、商品化水平较高,且以农业经营收入为主要来源的农业生产经营组织。

（三）国内外家庭农场的区别

世界各国对家庭农场的定义有一些差别。在欧洲国家，家庭农场是指为家庭所有，并主要依靠家庭成员从事劳动的农业生产经营组织，它是与公司制农场相对而言的。而在美国农业部的网站上，其将家庭农场定义为"没有雇佣经理、不含非家庭成员的法人或合作组织的农场"。

国内学者的定义，如：家庭农场是指在家庭联产承包责任制保持不变的前提下，以农户家庭为基本组织单位，从事适度规模的农业生产、加工和销售，实行自主经营、自我发展、自负盈亏和科学管理的新型经济组织。其特点主要是经营主体多元化，生产专业化，运作模式多样化，经营方式集约化，经营管理企业化。

近几年比较被认可的家庭农场的概念，是指以家庭为基本经营单位，参与成员为家庭成员的主要劳动力，从事农业规模化、集约化、商品化生产经营，并以农业收入为家庭主要收入来源的新型农业经营主体。早期，家庭农场是独立的个体生产，在农业中占有重要地位。中国农村实行家庭联产承包经营后，有的农户向集体承包较多土地，实行规模经营，也被称之为家庭农场。国内外的家庭农场在拥有的农业资源方面也略有差别，在美国和西欧一些国家，农民通常在自有土地上经营，也有在租入部分或全部土地上经营的例子。

二、家庭农场的判定

（一）家庭农场的四个判定依据

从家庭农场的概念来看，家庭农场不同于一般的经营大户，主要有四个特征：

1. 适度规模化

这是目前家庭农场的典型特征。家庭农场是一种规模化的经营主体，同时规模化是家庭农场的发展趋势。世界上很多国家和地区都以家庭农场为主体，采取一系列政策措施，不断推进农业规模化经营。美国及日本在第二次世界大战之后，通过农地流转等形式，使家庭农场平均规模扩大了一倍；而我国台湾地区也通过农地重划、委托合作经营等方式，扩大了家庭农场经营规模。

家庭农场通过扩大农业用地面积提高农业综合生产能力。适度规模经营将是家庭农场区别于发达国家大农场的一个重要特征。一方面，随着城镇化和工业化进程的加快，人多地少的矛盾更加突出，这决定了我国家庭农场的规模不可能太大。另一方面，家庭农场通过扩大经营规模，科学组合和集约利用各种生产要素，可以有效提高劳动生产率和土地产出率。不同地区根据自身农业资源状况、特点确定家庭农场经营规模条件。例如，上海市松江区的家庭农场经营规模关于规定是其土地面积需在80亩以上，浙江省慈溪市及海盐县关于家庭农场经营规模的规定是其土地面积需在50亩以上。

全国目前有家庭农场约87.7万个，经营耕地面积1.76亿亩，平均经营规模200.2亩。以粮食生产型家庭农场为例，各地标准并不一致。安徽提出家庭农场连片规模应在200亩以上，江苏提出的是100亩至300亩，上海则提出以100亩至150亩为宜。面积小了自然不能实现规模效益，但家庭农场并非越大越好。连年的水稻增产，安徽天长家庭农场主赵自昆尝到了增收的甜头，280亩地一年纯收入超过15万元，但他并不想就此扩大规模，主要原因是"面积大了,人力管不过来,成本收入核算后并不划算"。那么,到底多大的规模才算家庭农场?农业部产业政策与法规司司长张红宇说,我国地域广阔,各地自然经济社会条件差别很大,很难提出一个在全国范围内普遍适用的具体面积标准。县级以上农业部门可以从当地实际出发,依据自然经济条件、农村劳动力转移、农业机械化水平等因素,确定本地家庭农场的规模标准。根据调查,以家庭为单位,以粮食生产为例,一年两熟地区户均耕种50亩至60亩,一年一熟地区100亩至120亩,这种情况下各种资源配置效率最高。专家认为,把握家庭经营的规模,可以从三个方面衡量:一是与家庭成员的劳动生产能力和经营管理能力相适应,二是能实现较高的土地产出率、劳动生产率和资源利用率,三是能确保经营者获得与当地城镇居民相当的收入水平。

2. 务农专业化

这是家庭农场与传统小规模农户最本质的区别。传统小规模农户由于土地面积过小,不但在各个生产环节难以实现规模经济,而且难以满足家庭劳动力充分就业的需要,也难以为其提供达到农村平均水平的收入,由此带来传统农户的兼业化趋向,成为影响现代农业发展的重要因素。而家庭农场通过扩大经营规模,能够实现农户的充分就业,为其提供不低于农村平均水平的收入,使其能够专业化从事农业生产。2013年,农业部在开展家庭农场调查的通知中提出,农业生产经营收入占家庭收入的比例要达到80%以上。

3. 经营现代化

家庭农场融合了现代科学技术成果,采用了先进的工业技术成果和工厂化生产模式,实现了社会化分工与协作,从田间生产到产品销售的各个环节都有相应的社会化服务组织，家庭农场运营效率大大提高。应用先进的农业经营理念，如智能农业、精准农业、精致农业等理念，促进了农业标准化、机械化水平的提高，增加了家庭农场的产出效益。应用先进的管理理念，如经营情况记录、农机服务、保险服务等，同时采用合作制和股份合作制等形式，可以将家庭农场与农民专业合作社等社会化服务组织有机联系在一起。

4. 劳动成员家庭化

家庭农场没有长期雇工或者长期雇工数量少于家庭劳动力数量，在农忙季节可以有少量的季节性雇工。这样做的原因是：一方面，我国人多土地少，还有大量农村劳动力从事农业生产，不适合普遍发展类似于美国、加拿大等国那样土地面积上千亩、万亩的大型家庭农场；另一方面，自身劳动力的利用是充分发挥家庭经营优势的基础和前提，如果家庭农场规模过大，雇佣大量工人，就会出现劳动监督问题，丧失了家庭经营的优势。

（二）家庭农场的认定标准

由此，家庭农场的认定标准，可以归纳为以下三个方面：

1. 从主体形式看，主要为家庭经营

家庭成员为主要劳动力，农场主本人及其家庭成员直接参加生产劳动。家庭农场一般登记为以家庭为基本经营核算单位，包括个体工商户、个人独资企业或农民专业合作社，一般经营规模较大，产业覆盖面宽，使用土地面积大，实行企业化管理、机械化作业。家庭农场主要依靠家庭成员从事生产，即使有雇工也只发挥辅助作用。

2. 从经营范围看，从事农业规模化、集约化、商品化生产经营，经营范围广

家庭农场不仅从事传统的粮食种植，还可扩展到蔬菜种植、苗木花卉培育、特种养殖等领域，以土地为基本的农业资源，从事农产品的生产，或者加工和销售。专业务农，家庭农场专门从事农业生产，主要进行种养业专业化生产，经营管理水平较高，示范带动能力较强，具有较强的商品化农产品生产能力。

3. 从经营方式看，以农业收入为家庭主要收入来源

有的家庭农场与涉农企业签订了产品购销合同，有的家庭农场甚至拥有商标专用权，人均收入水平远超过普通农户。由于家庭农场有较大的种养规模，经营者能够获得与当地城镇居民相当的、比较体面的收入。

三、发展家庭农场的机遇

（一）规范的土地流转制度

规范的土地流转制度为发展家庭农场创造了先决条件。我国实行家庭联产承包责任制后，有了实行家庭农场的基础和条件，因为过去我国土地是不允许流转的，现在土地可以流转了。同时发展家庭农场是我国农业现代化发展的重要市场经营方式。通过规范的土地流转，农民土地流转的积极性进一步提高。秉承平等、协商、依法、自愿、有偿的流转原则，保证流转土地农民的双方利益，就在土地流转机制上保证了家庭农场依法获得土地经营的许可条件。

发展家庭农场具有规模的土地是前提，土地流转是当前实现土地规模化的最有效途径。随着城镇化的不断发展，数以亿计的农民工进城打工，还有很多农民工长期在城市驻扎下来。与之相对应，在不少村庄则出现了"青壮年荒"或者说是劳力荒，留守在村里的大多是老人和小孩。可以预见的是，由于农村劳动力转移，农村将会出现部分土地得不到打理甚至撂荒的现象。在利益的引导下，土地流转便成为现实需要，那些想离开土地转营非农产业的农民可以将土地承包权进行转让，从而享受承包权所带来的收益。另一方面，随着社会保障制度在农村普及，农民对于土地的依赖性有所减轻，很多从事非农产业的农民愿意将土地承包权进行转让，这从思想上部分解除了中国农民千百年来的惜地心理。

（二）渐减的农业经营主体

土地流转机制保证了家庭农场依法获得土地经营的许可条件，而随着农村城镇化的二、三产业日益发展壮大，大量的农民都转移到了非农就业的岗位上。部分从事第一产业、第二产业的劳动者转移到第三产业中，这就使田地流转出来集中到少数人手中成为可能。

（三）社会服务水平的提升

社会服务水平的提高为推进家庭农场顺利实施提供了保障。一户农民如经营 100 亩到 150 亩的家庭农场，光靠自己种植那是肯定忙不过来的，而且常年聘人的成本又太高，必定搞不下去。随着机械化水平提升，机械育苗、插秧、收割等农业新技术、新农艺得以充分发挥其应有的作用，水稻机插秧、机直播、机收割等新农机得到大力推广。乡镇农业推广技术服务中心实行了统一供种、统一配送农药和化肥、统一科技入户等服务。啥时播种啥时施肥,技术员上门指导,家庭农场户只要认真做好每一个环节的工作即可取得较好的收获。

（四）部分成功试点的经验借鉴

近年来,中国已在多个地方进行了家庭农场的试点培育工作,其成功经验对于家庭农场在中国的发展推广具有借鉴意义。如浙江宁波以市场为主导培育一批生产蔬菜、瓜果、畜禽等的规模大户,还进行了工商注册登记成立公司,进一步寻求贴近市场的发展方式。湖北武汉 2011 年确定"支持发展家庭农场等新型经营模式"鼓励农村有文化、懂技术、会经营的农民通过承包、投资入股等形式集中当地分散的土地进行连片开发。安徽郎溪从 2009 年起连续三年安排项目资金 90 万元,在全县优选 10 个家庭农场,每年为每个农场投入项目资金 3 万元用以开展示范家庭农场的建设。

（五）市场环境和龙头企业观念的改变

经过三十多年发展,随着社会主义市场经济体制的确立,与成熟市场在经济活动中的作用日趋显著,农业也必然要投身于市场才能寻到出路。市场环境的变化使得部分农民更有机会接触和学习外界知识,这也使得部分农民的信息采集能力、决策能力、抵御风险能力、博弈市场的能力、盈利能力得到了提高。部分龙头企业随着经济社会的发展为突破发展的瓶颈而改变发展思路,但这种发展思路往往与家庭农场的经营模式不谋而合。例如广东省的温氏集团由于意识到其传统的"公司＋农户"的经营模式遇到了多方面的挑战包括:用工荒冲击,传统的养殖业对于年轻人没有吸引力,环境污染问题等。于是温氏集团决定将原有的"公司＋农户"的合作模式升级为"公司＋家庭农场"的新模式以期谋得更好的发展。

（六）良好的政策环境

2013 年中央一号文件首次提出"家庭农场"的概念,这为家庭农场的发展奠定了一个良好的政策环境基础。农业部表示国家将加大对专业大户、家庭农场和农民合作社等新型农业经营主体的支持力度,实行新增补贴向专业大户、家庭农场和农民合作社倾斜政策,鼓励和支持承包土地向专业大户、家庭农场、农民合作社流转,发展多种形式的适度规模经营。从试点地方的经验来看各地对于家庭农场建设的投入力度必不会少,特别是经济较为发达、农民往城市转移较多的地区[①]。

政府扶持政策的出台对家庭农场的发展起到了推进作用,政府加大了政策扶持力度,鼓励家庭农场发展:一是对土地流转的农户,每亩地进行相应的补贴。二是对家庭农场实行财政补贴,这样使土地流转户和家庭农场户都得到了较大的经济效益,土地流转户还可以通过第二、三产业获得报酬,或通过给家庭农场主打工增加收入。关于政策扶持在第六章将进行专题讨论。

四、创办家庭农场的意义

在中国,家庭农场的出现促进了农业经济的发展,推动了农业商品化的进程。它的形成,有助于提高农业的整体效益,有助于生

---

① 杜国明,薛云峰,历亚敏:《中国发展"家庭农场"的条件与路径研究》,《经济研究导刊》,2012 年第 22 期,第 30—31 页。

产与市场的对接,克服小生产与大市场的矛盾,提高农业生产、流通、消费全过程的组织化程度。其具体有以下几方面的意义:

（一）激发农业活力，带来农业转型升级新机遇

家庭农场调动了土地承包者的积极性,并被当作一种产业发展来经营。开展既分工又合作的生产,通过机智灵活地应用先进的机械设备、信息技术和生产手段,大大提高农业科技新成果,在很大程度上降低生产成本。把农民职业化与农业适度规模经营结合起来,增大农业的集约化和规模化效益,进而提高农民素质和农业生产的专业化水平,是打破小农生产格局、提高农民素质、实现农业现代化的有效途径之一。家庭农场是农业家庭经营的最高形式,通过适度规模经营达到促进农业增效、农民增收的目的,同时还是对工商资本汹涌"入农"的一种矫正。家庭农场符合农民的需要,符合农业农村发展的需要,符合国情,有利于激发农民的积极性、释放农业的潜力。（资料来源:《现代园艺》,2014 年第 9 期）

随着从传统农业向现代农业的快速转型,农业的核心要素将由土地、水等自然资源转变为技术和人力资源。家庭农场作为自负盈亏的企业化经营主体,其商品化生产的目的和利润最大化的目标促使农场主设法提高劳动生产率、节约成本、增加产出,这无形中有利于技术与资金投入的扩大和农业产业化经营理念的传播,有利于提高农业生产效率和经营水平专业化、规模化发展,促进农业现代化更好更快地实现。

（二）促进友好型农业的转变

家庭农场主基本上是来源于本土的自然人,对土地有着深厚的感情,重视长效发展,能自觉地保护和高效利用土地资源、水资

源以及牧业资源等。农场的经营者、生产者是农业环境保护行动的自觉履行者。

家庭农场发展注重经济效益与生态效益的有机结合,有利于提高农业发展的可持续性。追求产品质量安全、生态环境效益和社会效益,探求适合国情的农业发展道路和经营模式是农业现代化的必然选择,这使得传统农业朝着资源节约型和环境友好型的现代农业转变。

发展家庭农场可以加速农村土地合理流转,减少弃耕和休耕现象,有利于因地制宜地推广一些农业环境技术以及一些地区独特的生态农业生产模式,提高农村土地利用率和经营效率,能有效解决目前农业家庭承包经营低、小、散的问题,提高发展的稳定性和可持续性。

(三)有利于建立区域农产品品质标志

家庭农场有了一定的规模,并进行工商登记,能让经营者更加注重自己的品牌效应和农产品安全,使用农药和化肥的量将会进一步减少,从而改善农业生态环境,而且农产品质量将进一步得到有效保障。

家庭农场发展更注重农产品质量和生产安全,有利于建立区域农产品品质标志。家庭农场生产的产品主要是作为一种商品,通过一定销售形式和流转环节从生产领域转移到消费领域。商品化经营意味着家庭农场不仅是农产品生产的主体,同时也是农产品经营的主体。农产品生产和价值实现的统一,是区别于传统家庭承包农户的重要特征。

家庭农场经营者一般都有长远经营、获得长期收益的心理预期,因此会选择更加适合市场及当地生态条件的生产模式和技术,这能有效推进从只追求产量的生产方式向更注重质量和安全的生产方式转变,向提高单位生产率、农产品品质和保护农产品产地环境质量的生产方式转变,以保护产品品牌和农产品质量安全,从而实现农产品产地的追根溯源,保障农产品质量安全。

从区域经济的专业化来看,家庭农场主为了自身的利益,其经营取向必然会选择适宜本地区或本农场经营的产品。这就促进了农业生产向区域化、专业化分工方向发展,同时也有利于推进标准化生产,培育独特农产品品牌和保持品牌从而提高区域农产品的市场竞争力。

(四)显著提高农民经营收入

组建家庭农场后,农民千方百计管好用好家庭农场,加上各类补贴,及国内价格上涨因素,农民的种粮积极性大幅度提高,农业生产得到了良好的发展。同时,单位面积产出率的提高,加上规模效应,家庭农场经营收入大幅增加,而且土地流转后,大量农民转移到第二、第三产业当中,他们摆脱务农后,可以专心致志地就业于工业、商业等非农产业,同时还可以得到土地承包者的土地承包金,不但比外出打工者收入高,而且只要掌握技术要领,管理得当,收入还会显著提高。

(五)改善农业生产活力

家庭农场的发展逐步加速农村土地流转的进程,减少了弃耕和休耕现象,提高了农村土地利用率和经营效率,同时家庭农场拥有生产经营自主决策权,可以随时根据市场变化而改变其经营方针或经营内容,这提高了农产品的生产活力。

（六）有利于培养新型职业农民

家庭农场的最大特点就在于既保留农户经营农业的优势，符合农业生产特点的要求，还可以克服小农户的弊端，是培育新型职业农民的必要条件和现代农业组织的基础。新型职业农民除了是生产者之外还是农业先进科技的应用者、农业生产的投资者、农业经营的决策者、农业生产市场与自然风险的承担者。因此新型职业农民除了符合农民的一般条件外，还因其是市场主体而具有高度的稳定性、社会责任感和现代观念，不仅要有文化、懂技术、会经营，还要求其行为对生态、环境、社会和后人承担责任。现代农业对农民提出了更高的职业素质要求，职业农民培训应以帮助他们掌握新的农业生产技术，提高其产业化、专业化程度为主要目标。培育新型职业农民要接地气，将培养内容与地方主导产业紧密结合，围绕各地现代农业发展急需的关键技术、经营管理知识及市场信息等方面开展教育培训与农业职业教育专业化、农业规模经营推进、国家支持"三农"政策力度的分析、专门扶持政策的解读等有机结合。在此基础上建立完整的新型职业农民数据库和信息管理系统，这有利于进一步促进农业现代化，使农业增效、农村繁荣、农民增收。

（七）对小农户的示范和带动作用明显

家庭农场的生产经营具有以市场为导向的企业化特征，拥有自己的农机，甚至成立农机服务公司，不仅为农场统一提供农机服务，也将服务范围扩散到周边村镇，这对周围小农户的产后加工和销售具有带动作用。

家庭农场成为组建农民合作社的骨干力量。一些地方的家庭农场通过与合作社或农业社会化服务企业的合作,实现农业产前、产中、产后一条龙服务,如种植类合作社及农业社会化服务企业为家庭农场提供农业机械化作业、工厂化集中育秧、生产资料供应、农产品收储及销售等。(资料来源:《中国农垦》,2014年第4期)

家庭农场是我国现代农业建设的基本主体,与大量的兼业农户共同成为发展现代农业的基础力量。因此,未来,家庭农场将成为我国现代农业的基本主体。

五、我国家庭农场的未来展望

(一)城镇化比率高的地区可率先推行家庭农场

由于我国部分地区土地资源少、租金高,近期全面推进家庭农场还不现实。而在城镇化比率高的地区,务农人员很少,农地闲置率相对较高,土地租金相对较低,适合建立家庭农场,并有望取得持续发展。

(二)家庭农场是有效解决农业生产劳动力随机集中投入、收益不确定等问题的最佳途径

家庭农场既能避免农闲时段劳动力的浪费,又能解决农忙时段劳动力的过度集中,同时最终收益受到劳动质量的一定影响,生产成果由家庭成员共享,利益风险由家庭成员分担。

(三)家庭农场能有效破解农民老龄化、农业兼业化的双重困境

未来由谁来种粮已经成为一个迫切需要解决的问题。家庭农

场作为培养职业农民的重要场所，能在其发展过程中自动实现新老传承和交替，从而有效破解农民老龄化、农业兼业化的双重困境，保障我国未来农业经营主体的稳定和持续发展。

家庭农场最大的吸引力在于，依靠农业为主的专业生产经营也能增收致富，让务农成为一种"体面的职业"，让从事农业的农民获得可观的收入，过上美好而稳定的生活。收入提上去了，自然就会逐渐吸引一批年轻力壮的青年人继续留在农村务农，实现农业劳动力的新老交替，解决"无人种地"的问题。

（四）政府支持扶助力度在加大

部分地区正在探索信贷、税收向家庭农场倾斜，以解决农业资金问题。如：浙江慈溪允许家庭农场以大型农用设施、流转土地经营权等抵押贷款。吉林延边一方面为专业农场提供贷款贴息，另一方面实施税收优惠政策，如专业农场销售的自产自销品免征增值税，专业农场从事农林牧渔业项目所得免征增值税、减免企业所得税等。部分地区则为家庭农场的新技术、新机械应用提供补贴和奖励。2011年武汉市出台《家庭农场申请财政补贴项目指南》，截至2012年底，平均每户家庭农场获补贴近4万元。

（五）中国式的家庭农场——多业并举

依照我国各地的实际情况，家庭农场取得成功的范例中，既有从事单一农业类别的，如种粮大户、种菜大户、种果大户、养鱼大户；也有多业并举的，如在以上种类的基础上，兼业养猪、养牛，既种果也种菜。实践表明，多业并举适合中国国情，也有利于实现环境保护。（资料来源：《南方农业》，2014年第8卷第10期）

第一章　家庭农场的发展规模确定

案例

从数字看发展：中国家庭农场的发展概况

2013年3月，中国农业部首次对全国家庭农场发展情况开展了统计调查。调查结果显示，目前中国家庭农场开始起步，表现出了较高的专业化和规模化水平，2013年6月4日，农业部网站公布调查数据如下：

1. 家庭农场已初具规模

截至2012年底，全国30个省、区、市（不含西藏自治区和台湾省）共有符合本次统计调查条件的家庭农场87.7万个，经营耕地面积达到1.76亿亩，占全国承包耕地面积的13.4%。平均每个家庭农场有劳动力6.01人，其中家庭成员4.33人，长期雇工1.68人。

2. 家庭农场以种养业为主

在全部家庭农场中，从事种植业的有40.95万个，占46.7%；从事养殖业的有39.93万个，占45.5%；从事种养结合的有5.26万个，占6%；从事其他行业的有1.56万个，占1.8%。

3. 家庭农场生产经营规模较大

家庭农场平均经营规模达到 200.2 亩,是全国承包农户平均经营耕地面积 7.5 亩的近 27 倍。其中,经营规模 50 亩以下的有 48.42 万个,占家庭农场总数的 55.2%;50—100 亩的有 18.98 万个,占 21.6%;100—500 亩的有 17.07 万个,占 19.5%;500—1000 亩的有 1.58 万个,占 1.8%;1000 亩以上的有 1.65 万个,占 1.9%。2012 年全国家庭农场经营总收入为 1620 亿元,平均每个家庭农场为 18.47 万元。

4. 一些地方注重管理服务水平。

在全部家庭农场中,已被有关部门认定或注册的共有 3.32 万个,其中农业部门认定 1.79 万个,工商部门注册 1.53 万个。2012 年,全国各类扶持家庭农场发展资金总额达到 6.35 亿元,其中江苏和贵州超过 1 亿元。

资料来源:新华网,http://news.xinhuanet.com/fortune/2013-06/04/c_116032366.htm.

一、适度规模经营的概念

(一)家庭农场适合的规模

家庭农场耕地主要还是由农民自己来耕种,是有定位、有规模、有组织的经营主体。在多年的探索中,对家庭农场的规模一直强调"适度"二字。家庭农场的大小,应与家庭"自耕农"这个定位相适应,也要与整体农业的生产率和机械化率等基本因素相匹配。

规模是个相对概念,普遍认为应依据各个地方的生产力水平而定,即适度规模的定位应该是因地制宜的。例如:松江的家庭农场平均规模目前确定在100—150亩之间。山东栖霞果农，一对夫妇将全部精力都用在果园上，最多只能经营5亩规模。黑龙江农民每个劳动力开着拖拉机可以种300多亩地，一户如果有3个劳动力，这个家庭农场的规模就可以达到近千亩。

（二）适度规模的影响因素

家庭农场的规模需要有一个综合的考虑，包括以下几个方面：

1. 自己的经营能力

我国家庭农场是在原有专业大户的基础上发展起来的。目前经营规模在50亩以上的专业大户全国有270多万户，其中超过100亩的大概有七八十万户。家庭农场的规模不是越大越好，要以一个家庭所能顾及的范围为限，如果家庭农场的经营规模超过自身经营能力，则资源利用率、土地产出率和经济效益都可能下降。

现代家庭农场结合自己的管理能力限度，在一定面积下，只要有利于提高农业劳动生产率和增加农民收入，就是合适的规模。所以，现代家庭农场的规模应以它的经济收入不低于或者高于从事其他产业或从事其他岗位的经济收入为先决条件。

2. 面积大小

家庭农场是一种土地的适度规模化经营，即对经营面积有一定要求。考虑到国情，到2030年我国劳均耕地面积将达到10.05亩，从全国而言，家庭农场平均规模将达到400.5亩，家庭农场的规模不可能很大。根据各地资源禀赋、土地产出率和劳动生产率以及最终收益不同，我国各地家庭农场规模也有较大差异。每省每个地区的面积标准都是不同的。根据测算，我国平原地区耕作大田作物的家庭农场一般不宜超过 300 亩,蔬菜规模不宜超过 30 亩。但这也是相对的,有的地方 5 亩的夫妻家庭农场数量很多,而在东北黑龙江机械化作业千亩以上的家庭农场也很普遍。

家庭农场规模的确定,除了以上两个主观因素,还要考虑客观因素。

3. 资源禀赋

即一个地区的人口、地理、自然条件,具体来说,人口和耕地面积的多寡、自然条件的优劣、地理位置的差异都影响着家庭农场的土地经营规模。资源禀赋是影响家庭农场发展规模的最主要因素。以粮食生产为例,安徽提出集中连片规模应在 200 亩以上,重庆提出应在 50 亩(一年两熟地区)或 100 亩(一年一熟制地区)以上,江苏提出以 100—300 亩为宜,上海提出以 100—150 亩为宜。

4. 经营项目

不同的经营项目耗工不同,规模也不同。如以种谷物为主的农场与以种植牧草为主的农场规模比较大;以种植蔬菜和休闲旅游为主的项目,面积偏小。

5. 社会经济环境

家庭农场的规模确定要与其生产经营的能力及其环境条件相适应。农业机械化程度高的家庭农场,规模较大;相反,劳动密集型的蔬菜家庭农场规模偏小。耕作的管理水平、劳动者经营能力、农业社会化服务体系的完善程度比较好的,家庭农场以及市场化完善程度一般规模比较可观,资金投入量大的家庭农场规模也相对较大。

二、家庭农场适度经营规模的衡量

如何确定家庭农场合适的规模,可以从 3 个方面衡量:

(一)在家庭成员经营能力限度内

家庭农场的规模应该与家庭成员的劳动生产能力和经营管理能力相适应。在一定面积下,只要有利于促进提高农业劳动生产率和增加农民收入,就是合适的规模。

(二)能实现较高的资源利用效率

只要高于普通农户和种植养殖户的土地产出率、劳动生产率和资源利用率,该家庭农场的规模无论大或小,都是合适的规模。

(三)收入高于普通农户

现代家庭农场的规模应以它的经济收入不低于或者高于从事其他产业或从事其他岗位的经济收入为先决条件。获得与当地城镇居民相当的收入水平。

家庭农场适度经营规模是个动态概念,随着经济水平发展、经营能力和机械化程度提高,规模也会出现动态变化。

三、中外现有家庭农场的规模

(一)国外家庭农场的规模

目前,世界上大多数国家的农业经营方式是家庭经营,即家庭农场形式。以发达国家为例,欧美国家以家庭农场为主要经营方式的比例为法国88％、美国86％、德国77％、英国69％。农场规模大小不等,可分为三种类型:

(1)美国的大型家庭农场平均经营规模在3000亩以上;

(2)以法国为代表的中型家庭农场,平均经营规模在600亩以上;

(3)以日本为代表的小型家庭农场,平均经营规模在30亩以下。

各国家庭农场经营规模差异如此之大与各个国家的资源禀赋即劳均耕地面积的多寡直接相关,美国、法国、日本三国劳均承担耕地资源面积分别为5651亩、2898亩和264亩。

(二)我国现有家庭农场的规模

我国地域广阔,区域自然条件和社会经济条件差异较大。以种植业为例,在资源禀赋方面,根据综合农业区划,九大农业区劳均种植面积最大的是东北区,劳均种植面积为13.35亩,最小的是华南区,劳均种植面积为3.3亩。相应的,各地区家庭农场的规模也有较大差异,以现有的种植家庭农场为例,内蒙古及长城沿线家庭农场平均规模最大,可达每户3000亩,而最小的是华南区,仅为每户30亩,前者是后者的100倍。这与各区的资源禀赋、土地产出率、劳动生产率以及最终获得的收益密切相关。

四、规模与效益计算举例

在一定的科技投入条件下,一个地区家庭农场单位收入与普通农户相比是一样的(亩产量相同,亩收入也相同),但从单位效益上看则低于普通农户，主要差异在于家庭农场比普通农户多支出土地流转费、雇工费，流转土地也不享受国家粮食补贴政策。但目前家庭农场总收益高于普通农户，主要是因为家庭农场种植面积大，产生了规模经济效益。

现在农场刚起步，很多地方的补贴、技术指导已经出台，但还没有落实，特别是粮食补贴方式在很多地方还没有到位。在发放补贴方面，国家种粮补贴是给种粮者的鼓励，谁种地谁拿补贴；一些家庭农场大规模种植和别人小规模种植在单位效益上并不占优势，如果得到农业技术专家和管理方面专家的具体指导，就能创造比一般农户更高的经济效益。下面以一个夫妇经营的玉米家庭农场为例子分析一下规模效益。

（一）露天玉米种植效益规模分析

1. 产量

除大棚外全部种植玉米，一般亩产可达 2000 斤，最高亩产可达 2400—2500 斤。按照当地平均亩产和现在的玉米价格计算，1 亩地的产值 2200 元和普通农户相同。

2. 成本投入

（1）种植玉米成本 1040 元。主要包括：500 元的土地流转费用，540 元的投入（化肥 200 元、种子 100 元、机械化耕地两次 80 元、机械化种植 30 元、机械化采收 100 元、打药 30 元）。

（2）普通农户

种植玉米成本每亩 410 元，比农场少 130 元。

差异主要在：普通农户播种采用人工操作，而家庭农场采用机械操作，每亩 30 元；普通农户自己收割，而农场机械收割，每亩

100 元。两者差异主要在流转费和机械化费用上。从政策扶持上看,农场流转农民土地没有任何补贴,而农户每亩可得玉米补贴70 元。

综合种植玉米每亩农场收益 1160 元,普通农户 1860 元,单纯种植粮食家庭农场亩收益不如普通农户。

3. 从总量上考虑,家庭农场取胜于普通农户

其表现在于:玉米家庭农场今年共种植 170 亩玉米,总收益19.72 万元。普通农户平均每户 5.57 亩地,总收益 10360 元。

4. 规模测算

将两种不同经营形式进行临界收益分析,家庭农场种植多少面积(x)才能和普通农户种植(y)效益一致? $1160x = 1860y$,$x/y = 1.6$,即家庭农场种植面积必须达到当地平均户种植面积的 1.6 倍以上才能保证收益。

(二)大棚蔬菜种植效益分析

该家庭农场所建的蔬菜大棚是暖棚,6 个棚共占地 10 亩。

品种:黄瓜;

产量:5000 公斤;

产值:1.2 万—1.3 万元。

黄瓜下架后,改种植白菜。

产量:5000 公斤;

产值:0.7 万元。

该大棚蔬菜种植总收入:每年可收入 2 万元。

大棚蔬菜投入:共计 7800 元

开支明细:化肥农药等开支 3000 元,雇工费用 4000 元,土地流转费 800 元(一个棚平均占地 1.6 亩,每亩 500 元)。一个大棚的净收入可达 1.22 万元,与周边普通大棚种植户相比少收益 4800 元(即雇工费和流转费)。临界分析:家庭农场种植多少个大棚(x)才能和普通农户(y)效益一致? $1.22x = 1.7y$,$x/y = 1.39$。即家庭农场种植大棚个数必须达到当地平均种植个数的 1.39 倍以上才能保证收益。

随着土地的流转费用提高、劳动成本加大,这个比例还会提高,也就是说,家庭农场随着成本加大,进行规模扩张才能获得比较理想的经济效益。

第二章　家庭农场的融资

案例

政府支持为"家庭农场"融资开辟新天地

2014 开始，邮政储蓄银行安徽宣城市分行发放"家庭农场（专业大户）"贷款，打开了家庭农场融资新天地，这是宣城市破解家庭农场融资难的一项具体举措。

近年来，宣城市有序推进农村土地流转，积极培育社会化服务组织，催生出了一大批规模经营的家庭农场，其中郎溪县发展方式被列为全国家庭农场五种模式之一。为此，市委和市政府、市政协在 2014 年制定的年度协商工作计划中，将推进家庭农场发展作为专题协商主题之一。市政协两位副主席带队深入各县市区、市直有关部门调研，多次召开座谈会，赴外地学习考察，现已形成调研报告初稿，即将提交主席会议、常委会议审议讨论。

家庭农场作为新型农业经营主体的重要组成部分，市政协委员对此高度关注。2014 年初宣城市政协全会上夏则成委员作了《关于加快我市家庭农场建设步伐的建议》大会发言，建议提高思想认识，找准发展定位；加大投入力度，改善基础设施；建立服务体系，构建运营机制；加强政策引领，营造建设氛围。

　　市委主要负责同志当场回应："农业部门要进一步加强对家庭农场发展相关问题的研究,指导和服务全市家庭农场规范性发展。"鼓励支持将家庭农场发展纳入全市深化改革的实施意见中。市农委主动与金融部门对接,2月26日,与市银监局共同召开市金融部门支持家庭农场发展工作座谈会,研究破解家庭农场融资困局、开拓银农互利共赢的有效途径。

　　资料来源:人民政协网,http://www.rmzxb.com.cn/zxxs/xs/2014/11/06/403489.shtml

一、融资的含义

　　融资即一个家庭农场的资金筹集的行为与过程,是货币的借贷和资金的有偿筹集活动。它是家庭农场根据自身经营现状、资金拥有和使用状况以及未来经营规划与发展需要,经过科学的预测和理性的决策,通过一定的形式手段和途径向投资者或债权人筹集资金的行为过程。家庭农场是一种特殊的企业法人,它的融资是为了满足创办经营运作和发展的需要。

二、融资的方式

　　融资方式指家庭农场取得资金的具体方法和形式,具体可分为内源融资与外源融资。

（一）内源融资

　　内源融资是家庭农场依靠内部积累进行的融资,其资本的形成具有原始性、自主性、低成本性和抗风险性等特点,是家庭农场生存与发展必不可少的组成部分。它的多少取决于家庭农场创造利润的数额和融资的利润分配政策。由于家庭农场规模较大,从土地流转、农场基础设施建设、前期生产资料购置,到后期经营管理等生产环节都需要投入大量的资金,所以农民自主投资非常重要。

(二)外源融资

外源融资指家庭农场通过一定方式从外部融入资金。家庭农场主大多由种养大户发展而来,作为农村的自然经济体,发展适度规模经营是理想的经营方式。家庭农场进行扩建、固定资产购置等,对资金具有较大的需求,外源融资显得很有必要。外源融资的资本形成具有高效性、灵活性、大量性和集中性的特点。

外源融资的种类和规模主要取决于金融市场体系的发育程度和资金供给的数量。包括政府直接补贴、金融机构借款和民间借贷。目前我国家庭农场发展尚处于初级阶段,存在自有资本少、经营规模和发展潜力不足、盈利和积累功能较弱的问题。八成以上的家庭农场没有形成真正意义上的盈利和积累,外源融资和政策支持显得很有必要。

三、融资的途径

在家庭农场发展过程中,家庭农场对资金(包括流动资金、固定资金、生活消费资金和专用资金等)的需求日益增多。据不完全统计,家庭农场的资金需求每年平均在50万元以上,单个专业大户和家庭农场贷款额度最高为1000万元,除了满足购买农业生产资料等流动资金需求,还可以用于农田基本设施建设和支付土地

流转费用,贷款期限最长可达 5 年。根据这种需求情况,可供家庭农场选择高效的外源融资途径包括以下 5 个方面:

(一)中国农业银行

中国农业银行是我国四大国有独资商业银行之一,也是家庭农场获得资金的重要途径之一。截至 2013 年底,农行拥有县域网点 1.27 万个以上,助农服务点在全国行政村覆盖率接近 40%。农行还设立专门的"三农"金融事业部,对"三农"业务实行事业部制的管理模式,旨在充分利用农行在县域的资金、网络和专业等方面的优势,发挥其在农村金融中的骨干和支柱作用。2014 年底,"三农"金融事业部改革试点范围已从 8 个省(区、市)扩大到 17 个。农行部分支行还设立了家庭农场贷款科目,采取"公司+家庭农场""家庭农场+农户"和订单农业、农场经营权质押等方式,培育和发展家庭农场。

(二)中国农业发展银行

中国农业发展银行是直属国务院领导的国有政策性银行,也是我国唯一的一家农业政策性银行,其主要职责是以国家信用为基础,筹集资金,承担国家规定的农业政策性金融业务,代理财政支农资金的拨付,为农业和农村经济发展服务。全系统共有 31 个省级分行、300 多个二级分行和 1800 多个营业机构,服务网络遍布中国大陆地区。

中国农业发展银行负责落实国家各项强农惠农政策,形成了以支持国家粮棉购销储业务为主体,以支持农业产业化经营、农业农村基础设施建设和生态农业建设为重点的业务格局,在农村金融中具有骨干和支柱作用。为促进"三农"发展,完善我国农村金融服务体系,落实国家产业政策和区域发展政策,促进农业和农村经济的进一步发展,构建"直接投资、银团贷款、金融租赁、资产证券化、农产品期货、农业保险、融资担保"协同发展的模式,并努力培育"建设新农村的银行"的品牌形象,做支持新农村建设的银行。

至 2013 年,中国农业发展银行的主要业务是:粮、棉、油等的收储、调销贷款,大宗农产品的专项储备贷款,农业小企业贷款和农业科技贷款等十多项。

(三)农村信用社

农村信用社(含农村商业银行、农村合作银行)是家庭农场传统的信贷来源。在我国农村地区,农村信用社具有机构数量众多、营业性网点普及等优势。针对农村地区的金融需求,农村信用社开办了多种相关信贷业务,例如:固定资产抵押贷款、林权抵押贷款、仓单(存货)质押贷款、应收账款质押贷款、"公司＋基地＋农户"贷款等。农村信用社在做好日常"三农"金融服务的同时,还逐步把支持家庭农场作为信贷支持"三农"的重点,加上农村信用社与本地区的家庭农场容易形成长期的合作关系,这种关系型借贷为家庭农场提供了一个行之有效的融资途径。

(四)新型农村金融机构

2006 年底,银监会发布了《关于调整放宽农村地区银行业金融机构准入政策,更好支持社会主义新农村建设的若干意见》,引导各类资本到农村地区投资设立村镇银行、贷款公司和农村资金互助社等新型农村金融机构,此后各地新型金融机构迅速发展起来。

新型农村金融机构利用自身拥有的信息优势、机制优势和文化优势,不断提高农村金融网点覆盖率,强化农村金融市场竞争,结合农村金融服务需求特点,积极创新"量体裁衣"式的金融产品,使其成为近年来我国家庭农场外源融资的重要途径。其中村镇银行具有一定的本土优势,在农民眼中是自己的银行,它不仅能给家庭农场主带来一定程度上的资金援助,而且它做小做细、机制灵活、办理业务流程短、信贷无抵押等,深受农民的欢迎。从实践看:村镇银行 90% 的客户认为村镇银行比其他银行服务更方便快捷,61% 的客户认为村镇银行的服务效率高。

（五）中国邮政储蓄银行

2007 年 3 月 20 日,中国邮政储蓄银行在改革原有邮政储蓄管理体制的基础上,正式揭牌成立,截至 2012 年 2 月底,邮储银行支持"三农"、农村小微企业(主要是家庭农场)贷款累计投放超过 8800 亿元,惠及农户、家庭农场 580 多万家。邮储银行拥有跨区域、跨城乡的网络优势以及金融资源优势,走出了一条"普之城乡,惠之于民"的"普惠金融"特色发展道路,逐渐成为家庭农场融资的途径之一。(资料来源:《科学·经济·社会》,2013 年第 4 期)

（六）民间借贷

民间借贷是家庭农场经常性的融资途径。根据农业部对 2 万多个农村固定观察点的统计,2010 年,农户借贷首要的资金来源为民间借贷,占到 52.91%,比 2003 年的 65.97% 下降 13.06 个百分点;银行贷款(主要是农行)占到 20.31%,比 2003 年增加了 6.45 个百分点,信用社贷款占到 25.59%,比 2003 年增加了 6.69 个百分点。尽管近年来农行和农村信用社对于农村的信贷投入都有所增加,农户向金融机构借贷的意愿也在增强,但所占比重不大,民间借贷仍然是家庭农场借贷最重要的资金来源。

民间借贷与其他融资途径相比,在家庭农场外源融资过程中具有更高的融资效率和灵活性,各方应充分认识到民间资金这一潜在的融资市场,发挥其应有的优势,使民间借贷逐渐成为我国家庭农场外源融资的主要渠道。

根据近几年的实践效果分析,我国家庭农场外源融资效率高低的排序是:新型农村金融机构、民间借贷、农村信用社、中国农业银行、中国邮政储蓄银行。我国家庭农场在选择外源融资途径时,首先会考虑新型农村金融机构,其次是民间借贷,再次是农村信用社。此类农村金融机构在金融体系中的存在与运行,充当了为家庭农场提供贷款支持的主要角色,并在较大程度上避免了小型家庭农场可能更为不利的融资境况。若农村金融机构等不能满足家庭农场的资金需求时,再考虑中国农业银行、中国邮政储蓄银行。

四、贷款的形式

近年来,各地金融机构积极加大涉农信贷投放,相继推出农村土地承包经营权抵押、大型农用机械设备抵押、活禽畜抵押等信贷产品,加大了对家庭农场支持力度。但目前金融机构面向家庭农场的信贷管理办法,对其发放贷款一般参照农户贷款的做法,主要发放小额农户贷款、联保互保贷款,下面简要介绍这两种形式:

(一)小额农户贷款

农村信用社于 2001 年推出一种新兴的贷款品种——农户小额信用贷款。农户小额信用贷款是指农村信用社基于农户的信誉,在核定的额度和期限内向农户发放的不需抵押、担保的贷款。

农户贷款指向农户发放用于满足其农业种养殖或生产经营的短期贷款,由满足条件(有固定职业或稳定收入)的自然人提供保证,即农户保证贷款;也可以由 3—5 户同等条件的农户组成联保小组,小组成员相互承担连带保证责任,即农户联保贷款。商户贷款指向微小企业主发放的用于满足其生产经营或临时资金周转需要的短期贷款,由满足条件的自然人提供保证,即商户保证贷款;也可以由 3 户同等条件的微小企业主组成联保小组,小组成员相互承担连带保证责任,即商户联保贷款。

农户保证贷款和农户联保贷款单户的最高贷款额度为 5 万元,商户保证或联保贷款最高金额为 10 万元。期限以月为单位,最短为 1 个月,最长为 12 个月。还款方式有一次性还本付息法、等额本息还款法、阶段性等额本息还款法等多种方式可供选择。金融机构对农户贷款实行单户限额管理。

(二)联保互保贷款

农户联保贷款实行个人申请、多户联保、周转使用、责任连带、分期还款的管理办法,这是为解决农户贷款难、担保难而设立的一种贷款品种,由农户在自愿基础上组成联保小组彼此相互担保的贷款.

它使用于除小额信用贷款、抵(质)押贷款以外的农户以及难以落实保证的贷款。

农户联保贷款的基本原则是:多户联保、总额控制,按期还款。依据贷款用途、贷款项目生产周期、综合还款能力等因素确定贷款期限,一般为 1—3 年,利率优惠,优惠幅度由当地信用社确定。

最高贷款额度为 10 万元至 20 万元。信用环境较好的地区,可适当调高最高贷款额度。

此外采取"农户联保＋互助金担保"和其他创新担保方式,例如:互助贷款模式,协会会员间互助担保等。

除这两种形式外,抵押贷款也是一种被普遍采用的形式。

（三）抵押贷款

抵押是指债务人或者第三人不转移某些财产的占有,将该财产作为债权的担保。债务人不履行债务时,债权人有权依法以该财产折价或者以拍卖、变卖该财产的价款优先受偿。家庭农场的抵押是建立在某些特定的物品之上的,是一种债的担保形式。

针对农村地区担保难的问题,农业银行创新了农机具抵押担保、农副产品抵押、林权抵押、农村新型产权抵押。

林权抵押贷款是指以森林、林木的所有权（或使用权）、林地的使用权作为抵押物向金融机构借款,国家规定林权抵押贷款利率不超过基准利率的1.5倍。

家庭农场通过流转的土地不可以用于抵押。按照规定,借款人必须是有本地户口的家庭农场经营户、家庭农场经营状况良好、无不良信用记录和拖欠他人资金的情况。

五、贷款应注意的问题

（一）"短贷长用"不可取

由于贷款期限难以满足家庭农场中长期融资需求,大部分金融机构对农户主要发放1年及以内的短期贷款。部分家庭农场"短贷长用",在资金周转不畅时易出现资金拖欠问题。

（二）投保（农业保险），降低融资风险（成本）

目前,农业保险品种单一且产品设计不够合理。由于农业生产经营风险大,保险赔付率高,商业保险公司开展农业保险的积极性较低,导致农业保险险种较少。如目前种植业险种主要是小麦、玉米、棉花三大作物,损失赔付率在 10％—70％,就可以理赔;养猪业有能繁母猪险,如能繁母猪死亡保险额为 1000 元,而能繁母猪达到繁育能力后成本在 4000 元以上,保险赔付起到少量补偿作用,能使其尽快恢复生产。对保险产品的理赔,有化解风险作用。

（三）资产抵押担保，盘活资产

家庭农场以其所拥有土地、固定资产等作为抵押物,可以解决联户联保获得贷款的不足,获得小规模融资,融资的速度快、协调成本低。未来,可以通过不断地改进金融服务提高家庭农场的融资效率。制定专门面向家庭农场的信贷管理办法,在有效覆盖风险和成本的前提下适度降低家庭农场融资成本。创新家庭农场担保抵押方式和融资方式,构建政策性和商业性相结合的农业保险体系,不断构建新的金融服务支持家庭农场的政策扶持体系等为家庭农场的发展提供资金支持。

六、金融支持模式

家庭农场是一种特殊的法人,其融资模式与一般企业有所不同。从实践上分析,主要有互助贷款、协会会员间互助担保、财政支持等模式。

（一）"林权质押带担保人"组合担保贷款模式

江苏镇江市岩藤家庭农场从事粮食、果木的种植和销售，承包土地约 2300 亩，约 1400 亩用于种植水稻，约 700 亩用于种植小麦，葡萄种植区有林权证的占 385 亩。年总销售收入约为 1000 万元，经营一直很稳定。2014 年农场想要投资鱼塘以丰富生产品种，苦于资金瓶颈。邮政储蓄银行镇江市分行创新贷款产品要素，以"林权质押带担保人"相结合的方式，授信 190 万元用于支持农场发展，这是对新型农业经营主体增信的主要探索方向之一。非传统抵押品，如林权、土地承包经营权、信用保证保险、担保金、水域经营权、应收账款等被引入到邮政储蓄银行镇江市分行可接受的抵押范围内。采取组合担保方式，为同一债务进行担保增信。

（二）互助贷款模式

互助贷款模式指的是农场主之间的资金互助，安徽郎溪县 120 多个家庭农场分布基本比较集中，大部分的农场主都是同一个村镇中的村民，由于村民之间相互了解、彼此熟悉，他们之间存在一种潜在的信用关系，这种信用就是一种间接的融资渠道。当一个家庭农场主在生产经营中出现资金困难，而彼此了解的另外一些农场主又有一定的资金剩余时，他们之间存在一定的资金的流转，形成互助，在一定程度上缓解了家庭农场融资的压力，因此不同类型农场主之间需要多沟通与交流，形成相应的交流平台，并积极进行资金互助。

（三）农村资金互助社模式

农村资金互助社是指经银行业监督管理机构批准，由乡（镇）、行政村农民和农村小企业自愿入股组成,为社员提供存款、贷款、结算等业务的社区互助性银行业金融机构。

农民互助社贷款业务是村镇银行支持"三农"特别推出的惠农贷款,主要用于解决农户种植生产中遇到的资金不足难题,贷款由担保公司担保,不需要老百姓提供抵押物,年龄在60岁以下的村民,只要有种植的经济作物和养殖的畜产品,自愿组成互助社,社员对互助社内其他成员就承担有限责任。社员提出贷款申请,经考察认可后便可获得5万元以下的小额贷款,授信期2年,还款方式自由灵活,极大地解决了农户贷款"抵押难、担保难"等问题。

该贷款的好处:方便快捷,用不着抵押、用不着担保,消除了部分后顾之忧。立足于农村,具有"民办、民管、民享用"的特点,成员之间对彼此的家庭情况、借款用途、信用情况都比较了解,在贷款审批时能够快速获取成员信息,减少了办理程序,解决了成员的资金需求,降低了成本。

（四）创新信贷模式

1. "公司＋政府＋家庭农场"贷款模式

即公司存入银行一定比例的担保金为家庭农场贷款提供担保,政府负责土地整理、组织家庭农场与公司签约、加大技术服务;公司负责为农场提供种子、农资、农机,并签约承诺保底价收购农场生产的粮食;农场负责种植,将生产的粮食销售给公司;最后,公司协助银行将贷款本金和利息从农场的售粮款中扣划。

2. "协会＋家庭农场（养殖、种植）"贷款模式

种养殖家庭农场由协会提供担保向银行融资;协会负责统一购牛羊、统一防疫、统一销售,为种养殖农场贷款进行担保;银行在

协会担保下，为农场解决资金需求；农场负责种养殖的管理，并按协议交由协会统一销售；协会对会员生产的产品统一对外销售，在销售款中将贷款本息扣回。

近年来，随着服务"三农"意识不断强化，落实支农政策，积极创新金融服务手段和模式，"三农"发展有了强大的助推力。

第三章　家庭农场的土地流转

案例

家庭农场火　土地流转快

最近,福建省江永县允山镇古楼村好家园家庭生态农场,25亩夏橙树一片金黄。福建客商王贵生刚刚交了夏橙订金,农场主徐石市告诉记者:"夏橙已被预订一空,至少有25万元的进账。"仅在古楼村,像好家园这样的家庭农场就有13家。

近年,该县制订、出台"含金量"较高的家庭农场扶持政策,推动家庭农场快速、健康发展。县里成立县、乡、村土地流转中心,加大对家庭农场基础设施建设的补贴和支持,鼓励土地承包经营权向家庭农场有序流转。去年以来,全县新增土地流转面积8万多亩,全部向家庭农场聚集。

该县制定了"家庭化存在、公司化运作、规模化生产、标准化操作、专业化经营、信息化管理、品牌化导向、示范化作用"的现代家庭农场认定标准。认定为现代家庭农场的,县里补助10万元。家庭农场成功申报"无公害食品""绿色食品""有机食品",县里分别奖励2000元、1万元、2万元。今年,该县安排奖励家庭农场发展的专项资金达500万元。

该县给予家庭农场农业生产所投入资金的 30％信贷授信,县财政局给予两年 10 万元的贷款贴息。该县先后向家庭农场推广夏橙无公害管理等新技术 22 项,免费培训家庭农场成员 1300 多人次,为家庭农场银行争取贷款 1000 多万元。

目前,该县已有家庭农场 379 家,其中在工商部门登记注册的 109 家。辐射带动全县发展香柚、香姜、烤烟、优质水稻专业种植大户 1180 户。该县"海川家庭农场"租赁土地 400 余亩,发展香柚、夏橙、蜜柚等种植,带动周边群众种植水果 1000 多亩。

资料来源:《湖南日报》,2015 年 4 月 25 日第 5 版

土地既是农业最重要的生产要素,也是家庭农场最重要的家庭财产。以农村土地家庭承包经营为基础发展专业大户和家庭农场,就需要通过流转土地经营权来扩大规模。按照中央的要求,应依法赋予农民更加充分、更有保障的土地承包经营权,保持现有土地承包形成的全部权利义务关系稳定。

家庭农场土地承包经营权流转,反映了农地合理利用和优化配置的客观要求,对适度规模经营、提高农地利用率和拉动生产率具有重要作用,是保持稳定发展家庭农场的必要条件。

近几年,全国土地承包经营权流转面积达到 2.7 亿亩,占总承包合同面积的 21.5％。家庭农场在土地流转过程中,要依法办理土地经营权流转手续,使流转的土地有一个稳定的经营预期,才能保证经营土地的稳定性和可持续利用。有序的土地流转对家庭农场发展很有必要,所以土地流转只有达到一定面积才能保证家庭农场的根基稳定。

一、土地流转含义

（一）定义

所谓土地流转是指将农民原享有的土地使用权进行流转，是指拥有土地承包经营权的农户将土地经营权（使用权）转让给其他农户或经济组织，即保留承包权，转让使用权，是权利的转让。

（二）农村土地改革，农民对土地拥有的权能

2014 年中央一号文件仍然坚持稳定农村土地承包关系并保持不变，赋予农民对承包地占有、使用、收益、流转及承包经营权抵押、担保等六大权能。并在落实农村土地集体所有权的基础上，稳定农户承包权、放活土地经营权，允许承包土地的经营权向金融机构进行抵押融资。

（三）农村承包地改革的核心

在农地承包权确权登记颁证工作中，农村承包地的改革核心即所有权、承包权、经营权三权分离，稳定承包权（即土地的产权属于农民集体所有），放活经营权，赋予土地经营权流转、抵押、担保等原本不具备的属性。毫无疑问，承包土地制度的改变为农业集约化经营和资本的快速进入打下了制度基础。

二、土地流转模式

家庭农场可以通过转包、转让、入股、合作、租赁、互换等方式

出让经营权,鼓励农民将承包地向家庭农场集中流转,发展农业规模经营。下面简单介绍几种土地流转的模式:

(一)土地互换

又叫互换土地,是农村集体经济组织内部的农户,为方便耕种和各自的需要,对各自土地的承包经营权进行简单交换,是促进农村规模化、产业化、集约化经营的必由之路。30 年前,中国农村实行家庭联产承包责任制,农民分到了土地。但由于土地肥瘦不一,大块的土地被分割成条条块块。这种均分制在划分土地时留下的种种弊病,严重制约着生产力的发展和产量的提高。为了让土地集中连片,实现规模化、集约化经营,互换这种最为原始的交易方式,进入农民视野。

(二)土地出租

在市场利益驱动和政府引导下,农民将其承包土地经营权出租给大户、业主或企业法人等承租方,出租的期限和租金支付方式依照法律和政策由双方自行约定,承租方获得一定期限的土地经营权,出租方按年度以实物或货币的形式获得土地经营权租金。常有的形式有大户承租型、公司租赁型、返租倒包型等。

(三)土地入股

土地入股,亦称"股田制"或股份合作经营,是指在坚持承包户自愿的基础上,将承包土地经营权作价入股,建立股份公司。在土地入股过程中,实行农村土地经营的双向选择(农民将土地入股给公司后,既可继续参与土地经营,也可不参与土地经营),农民凭借土地承包权可拥有公司股份,并可依据股份分红。该模式的最大优点在于产权清晰、利益直接，以价值形态形式把农户的土地承包经营权长期确定下来，农民既是公司经营的参与者，也是利益的所有者。

（四）宅基住房

宅基地换住房，承包地换社保。重庆被国家批准为统筹城乡综合配套改革试验区后，在土地改革领域率先进行大胆探索，创造了土地流转的九龙坡模式即宅基地换住房、承包地换社保。也就是说，农民放弃农村宅基地，宅基地被置换为城市发展用地，农民在城里获得一套住房。农民放弃农村土地承包经营权，享受城市社保，建立城乡统一的公共服务体系。

（五）土地股份合作

这是一种"股份＋合作"的土地流转分配方式。这种模式是，农户以土地经营权为股份共同组建合作社。村里按照"群众自愿、土地入股、集约经营、收益分红、利益保障"的原则，引导农户以土地承包经营权入股。合作社按照民主原则对土地统一管理，不再由农民分散经营。合作社挂靠龙头企业进行生产经营。合作社实行按土地保底和按效益分红的方式，年度分配时，首先支付社员土地保底股份收益，留足公积公益金、风险金，然后再按股进行二次分红。

三、家庭农场土地经营创新

（一）土地流转改革大记事（两个一号文件）

农村土地流转也是农民自己的创造。在一些人多地少的地方,人地矛盾日渐突出,而愿意经营土地的农户和工商企业急需土地,扩大经营规模。于是,一些地方的农民自发地通过互换、转包、转让等方式进行土地流转。例如到 2008 年底,湖南省农村土地流转面积 725.7 万亩,占耕地总面积的 14.9%。

实践证明,农村土地流转既缓和了人地矛盾,使部分农民从土地上转移出来,还促进了农业规模经营,是提高农业比较效益的一个好办法。中央尊重农民的首创精神,热情支持土地流转这一新生事物,并提出:按照完善管理、加强服务的要求,规范土地承包经营权流转。

2013 年中央一号文件规定:农村土地流转,不得改变土地集体所有性质,不得改变土地用途,不得损害农民土地承包权益。也就是说,农村土地流转后,相当于自动实现三权分离:经营权归受让方,承包权还是归承包农户,所有权也还是属于集体。流转后的土地,仍然只能用于发展农业,不能用作房地产开发等其他用途;农民依法享有土地流转权益,如租金、股份分红等。这也体现了中央切实维护农民权益的宗旨。把大量农民从土地上解放出来,转移到二、三产业,进而扩大农业生产经营规模。从实践运作来看,农村土地流转,是催生现代农业经营主体的新举措。

2014 年,在全国人民代表大会和中国人民政治协商会议上,全国政协委员、四川宏达集团董事局主席刘沧龙提案建议,国家应尽早出台措施鼓励信托公司参与农村土地流转,将农民手中的土地资源盘活。11 月,中共中央办公厅、国务院办公厅印发了《关于引导农村土地经营权有序流转发展农业适度规模经营的意见》,并发出通知,要求各地区各部门结合实际认真贯彻执行。《意见》表明要大力发展土地流转和适度规模经营,在 5 年内完成承包经营权确权。

（二）家庭农场土地流经营创新模式——大区小主

大区小主即"大园区＋小业主"。新津柳江蔬菜产业示范园位于成都新津县普兴镇，是 2008 年开始建设的以蔬菜产业为主的现代农业示范园区之一。园区规划面积 3.2 万亩，涉及 2 个村、7648户农户。园区已建成面积 2.3 万亩。

1. 组织形式

采取"园区＋专合组织＋家庭适度规模经营"模式进行建设。

由政府主导，在基础设施、品牌建设、公共服务管理等方面实行统一规划、统一管理、统一建设。在统分结合的双层经营体制下，按照适度规模经营的原则，以专合组织为联系纽带，以农户为主体，实行适度规模经营。

2. 运行机制

（1）成立园区管委会。由新津县统筹委、农发局和普兴镇政府联合成立管委会。管委会负责协调推进园区的产业规划、基础设施、生产技术服务、市场营销、制度体系建设等。政府共投入资金1000 余万元对园区内沟渠、道路进行整治和打造，提升了园区规划建设品质和园区形象。

（2）成立农民专业合作社。2008 年 10 月，柳江村蔬菜种植大户、营销大户等 9 人发起并成立了柳江蔬菜专业合作社，主要从事蔬菜的生产、收购及销售工作。已有合作社成员 300 余人。

（3）实行六个统一。统一基础设施建设，统一生产物资供应，统一生产标准，统一技术指导，统一品牌创建和商标注册，统一市场营销。

（4）实行"菜—稻—菜"一年三熟的生产种植模式，大春抓粮保稳定，小春抓钱保增收。

3. 利益联结方式

园区以合作社为纽带,采用统分结合方式,把各自分散经营的农户组织起来,实现蔬菜生产的集中集约规模经营。以专业合作社为纽带、以统一的市场拓展作为利益联结机制,带动农民实现增收。

第四章 种植型家庭农场的农机配置

案例

农机给家庭农场添活力

10年前,河南内黄县井店镇农民王建林承包了流转土地100多亩,秋季农作物成熟时,如何收割使他犯了难。玉米光穗子就有像小山一样的一大堆,人力运各种农作物和秸秆很累也运不了多少。如果雇人干,一个人一天的报酬就是50元,承包流转土地的效益就会减少。后来,井店镇党委书记鉴洪君为他出了招,引导他多在农机上想办法。王建林用四轮车拉农作物和秸秆,运得快,早腾地,为种好小麦创造了条件。农机取代了人力,使收割工作轻松多了,尝到甜头的王建林迷上了农机。

王建林说,土地流转前一家一户经营,用人背的小喷雾器喷药,一天只能喷10来亩,这家喷药时虫子往那家庄稼地里跑,那家喷药时又往这家庄稼上跑,喷药防治效果不好。王建林组建的近岗家庭农场转包流转的土地后,就用机器喷药,速度快、喷药匀,虫子想逃也逃不掉,使得农产品产量高、品质优,2012年仅因此一项就增收6.5万多元。

怎样提高产量是家庭农场面临的难题,王建林注重在耕地方面探索,琢磨破难的新路子,他说:"过去,一家一户用老式犁子浅层次地耕,松土层浅,这是产量低的原因。"王建林就在这方面下功夫,机耕深耕达到 25 厘米以上,比普通的十七八厘米深了不少,深耕深松保墒,庄稼根系发达,抗倒伏能力强。

试验表明:一亩一茬庄稼增产 100 多公斤,麦秋两茬每亩可增产 200 多公斤,收入可增加 230 多元。去年王建林种小麦、玉米共 550 亩,仅深耕一项就增产粮食 5.5 万多公斤,增加效益 57750 多元。王建林爱好农机,热心农机技术改造,使生产的各个环节大多用上了农机,提高了效率,增加了效益,使家庭农场生机勃勃地发展起来了。到 2011 年近岗家庭农场的土地已有 380 亩,2012 年已发展到 600 亩,2013 年将再增加 500 亩。

资料来源:《农民日报》,2013 年 7 月 31 日第 3 版

一、农机配置考虑因素

家庭农场主要以有限数量的家庭成员来经营管理一定规模的土地。对于种植业来说,提高劳动生产力,势必需要依靠农业机械作为重要支撑。在兴办家庭农场过程中,怎样科学合理地配置所需农机,才可以既能很好地解决生产实际需要,又能缓解资金紧张的压力,同时也可以取得较好效益,这是每一个准备兴办农场的家庭必然面对的现实问题。下面以种植业的家庭农场为例进行讨论应该考虑的因素。

(一)农场规模

农场规模是决定农机购置的关键因素。大部分的家庭农场规

模可以根据家庭劳动力成员数量确定,依据人均年工作量测算,一般人均经营面积为 100 亩较为合适。而一般家庭常年劳动力为 1—5 人,因此种植型家庭农场规模控制在 100—500 亩较为合适。这样,一方面可以保证生产的规模效应,另一方面也满足家庭成员充分就业。

（二）农机种类

用于种植业生产的农机种类较多,流转承包土地的家庭农场主要需要农田耕作和收获机械,其中包括农用动力机械如拖拉机,耕作机械如旋耕机,播种机械如覆膜播种机、免耕播种机、谷物条播机等,栽种机械如水稻插秧机、马铃薯栽种机、甘蔗栽种机等,施肥机械如离心式撒肥机、中耕追肥机等,收获机械如稻麦联合收割机、玉米联合收获机、花生联合收获机等,排灌机械如水泵机组、微灌设备等,运输机械如农用运输车等。由于机械种类较多,家庭农场需要根据种植产品种类合理配置农机种类。

一般来说,家庭农场在开办之初,受到资金约束很大,但生产中必须要购置的农机设备有:农用动力拖拉机、农用运输车、旋耕机、播种机械、栽种机械、施肥机械、植保机械、烘干机械、排灌机械等,农场主应根据实际需要选择类型。此外收获机械因社会化服务水平较高、资金短缺等原因可以早期租借,后期考虑自配。

（三）农机质量

由于农业生产受时节影响极大,农忙抢收抢种时间极其宝贵,质量可靠性低的农机在使用中时好时坏,这不仅会增加修理费用,更会延误作业时间,造成很多损失,因而应尽可能选购质量可靠和便于维修的农机。一般选择本地区常用的农机类型和型号,最好是直接设有服务网点的农机企业的产品,便于维修和更换零件。

(四)农机价格

在配置农机时,当前各地方政府对农机购置均有一定的政策补贴,在购置前要充分了解欲购机械不同类型的价格和农机购置补贴政策。若种植面积规模较大,可以考虑性能好价格稍贵些的农机类型,若面积较小可以考虑价廉物美型农机。

(五)农机数量

农机数量需要根据农场规模在进行精确测算后来确定。300亩以下的小型家庭农场,一般每种农机配置一台就可以解决实际需要,而300亩以上的家庭农场,有些农机具需要进行计算后来确定其台数。在测算过程中,单台农机一个作业季节的最大作业量是配备农机关键数据,不同区域气候不同,这个数据可能有较大差距。从各地往年各种农机作业实际情况出发,可以统计得出相应农机大致的最大作业量。

一个作业季节的单台农机最大作业量=单台农机每小时作业量×每天作业8小时×一个作业季节有效作业日

通过上述公式,就可以计算得出如机耕、机种、机械植保、机械收获及机械运输等相应农机的最大作业量。

家庭农场需要农机完成的作业量除以该机具一个作业季节的最大作业量,就可以计算出该机具需要配备的数量。

家庭农场需要的农机数量=家庭农场需要农机完成的作业量÷一个作业季节的农机最大作业量

一般按照向下取整后得到的数据配置农机数量,农机使用效率较高;若所得数据取整后余数大于0.6时,可以考虑待资金容许时向上取整配备农机,虽然配备发挥农机具效率不高,但能更好地满足生产需要,还可以通过出租方式来提高农机具使用效率。

二、农机配置方式

种植业耕、种、管、收各个环节都有相应的农机类型,作为家庭农场,资金若一次性投入,压力会十分巨大,同时经济效益也不一定很好。笔者认为,农机配置可以采取三步走,既能解决生产急需,又能缓解资金压力,同时也可取得较好效益。具体三步走思路如下。

(一)租赁为主,自配为辅

家庭农场兴办初期,农用物资、土地流转承包、土地整理和基础设施所需费用占全部成本的比例很大,一般前期家庭农场自有资金积累较少,银行信用贷款额度有限,资金压力很大。这时农机使用可采取"租赁为主,自配为辅"的思路,对于社会化服务程度较高的农机具,尽可能采取租赁的方法获取服务;对于价格不高生产又急需的农机具,尽可能挤出资金进行购置,同时还可以考虑雇佣劳动力来代替少部分农机作业。

(二)自配为主,租赁为辅

家庭农场规模稳定后,土地整理和基础设施费用会明显降低。经过若干年家庭农场经营后,家庭自有资金和银行信用贷款额度会明显提高。此时农机配置应采取"自配为主,租赁为辅"思路,适时地添置所需要的农机具,可以优先考虑性能良好使用方便的农机具,对于社会化服务程度较高成本较低的农机,其可以放在后期被采购,同时尽可能减少替代农机作业的雇佣劳动力。此外,还可以考虑和其他同片区的家庭农场建立互助组,在农机采购和使用中合作使用以提高农机使用效率,增加经济效益。

(三)自行配备,适当外租

家庭农场发展成熟时,各方面条件会进一步完善,资金宽裕时,农机使用应该做到"自行配置,适当外租"。对于所使用的农机尽可能配置到位,对于自用效率不高的农机具,可以考虑适当出租业务。同时对先期部分价格低廉质量不高的农机具进行升级换代,重新采购性能较好的农机产品,优化机组配套,发挥机具效能。
(资料来源:《农业机械》,2013 年第 28 期)

第五章　家庭农场的服务管理制度

家庭农场是农村户籍家庭,以自己承包经营土地为基础,以依法流转稳定获得土地为扩充,通过实行集约化经营方式,运用现代化经营手段,采取适度规模经营发展农业生产,且生产专业化、标准化、商品化水平较高,经济效益、生态效益、社会效益明显高于当地农业生产平均水平的生产经营主体,采取一定的制度对家庭农场进行引导和管理,有助于其少走弯路,使得一部分家庭农场尽快发展起来。

2013 年的中央一号文件也明确提出,要"创造良好的政策和法律环境,采取奖励补助等多种办法,扶持联户经营、专业大户、家庭农场"。随着家庭农场数量扩张,对一般家庭农场的申报、登记和管理要明确标准,对其及时进行审核并实行动态管理。

一、申报要求

家庭经营是我国农村基本经营制度的核心。家庭农场是以家庭经营为基础,又与现代农业生产要素相结合的重要微观经济组织。它既是家庭农业的重要实现形式,又是新型农业经营体系的重要主体。家庭农场对于规范申报服务管理有以下要求:

（一）申报材料要求

农业部在《关于促进家庭农场发展的指导意见》（农经发〔2014〕1号）中对家庭农场规模的确定，应以资源利用效率的科学化、劳动生产率和土地利用率的最大化为标准，无论养殖业还是种植业，人均或亩产值应高于当地平均水平。为了更好地指导广大农民朋友创办家庭农场，按照农业部与2013年出台的一般标准，申报家庭农场需准备以下材料：

（1）专业农场申报人身份证明原件及复印件；

（2）专业农场认定申请及审批意见表；

（3）土地承包合同或经鉴证后的土地流转合同及公示材料（包括土地承包、流转等情况）；

（4）专业农场成员出资清单；

（5）专业农场发展规划或章程；

（6）其他需要出具的证明材料。

其中：①土地流转以双方自愿为原则，并依法签订土地流转合同；②土地经营规模：水田、蔬菜和经济作物经营面积450亩以上，其他大田作物经营面积750亩以上。土地经营相对集中连片；③土地流转时间：10年以上（包括10年）；④投入规模：投资总额（包括土地流转费、农机具投入等）要达到50万元以上；⑤有符合创办专业农场发展的规划或章程。乡（镇）政府对辖区内成立专业农场的申报材料进行初审，初审合格后报县（市）农经部门复审。经复审通过的，报县（市）农业行政管理部门批准后，由县（市）农经部门认定其专业农场资格，做出批复，并推荐到县（市）工商行政管理部门注册登记。

二、资格条件审查

由于家庭农场刚刚起步,家庭农场根据规模大小分为小型家庭农场、中型家庭农场和大型家庭农场,认定的家庭农场必须达到相应标准。其培育发展还有一个循序渐进的过程。国家鼓励有条件的地方率先建立家庭农场注册登记制度,为了更好地促进其发展壮大,农业部和国家工商局在全国规定了家庭农场资格条件要求。

(一)全国共同的基本资格条件要求

1. 资格条件

"具有某市农村户籍",而且"男性年龄在 50 岁以下,女性年龄在 45 岁以下",并且应"具有 5 年以上主产业种养经验"。

2. 土地流转与经营规模

对土地经营规模和土地流转期限做出规定,基本要求"土地流转年限不得低于 5 年"。农场用地除自有承包经营土地外,其他为流转土地。全部利用土地必须有规范的土地承包和土地流转合同。家庭农场经营的土地流转合同年限不得低于 10 年,且从事经营 2 年以上。

3. 工商登记方面的特殊规定

农业部门与工商部门共同规定,要求家庭农场必须进行工商登记注册。

4. 有基本财务账簿和生产经营相关制度

农业部门与工商部门共同规定,要求家庭农场必须建立较为全面、系统、完整的经济业务账簿;具有生产经营有关的管理制度。

（二）具体内涵资格九个方面

除共同资格条件之外，各地关于家庭农场资格条件的认定也存在诸多不同之处，主要体现在农场主身份、经营规模、经营范围与农场从业人员等九个方面：

1. 以农村家庭为基本单元

家庭农场经营者应具有农村户籍，即非城镇居民。

家庭经营是我国农村基本经营制度的核心。目前是以大家庭为基本单元。在尊重农民意愿的情况下，家庭成员可以扩大到祖辈、父辈、儿孙辈甚至其他亲属。家庭成员占经营人员的比例至少达到 80%，也可以聘请临时工或长期工，家庭农场业主以农村户籍为宜，城市人员、工商资本可以进入农业领域，但目前不宜纳入家庭农场范畴。

关于经营者身份的争论，农业部强调，家庭农场经营者应为非城镇居民，要求家庭农场主必须是农村户籍的农民。浙江省要求家庭农场经营者为本地户籍，而不管是否为农村户籍。家庭农场的认定都是以实际的经营范围为依据的。有的城市居民通过合法途径流转土地，致力于农业经营，并且符合家庭农场的其他条件，也允许其创办家庭农场。各地可以对登记成立的家庭农场实施分类管理。例如，如果有一些针对农村户籍或本地户籍经营者的特殊优惠政策，可以将经营者身份作为附加条件予以考虑。

2. 以第一产业为基础

家庭农场必须以第一产业发展为基础，可以发展产加销一体化经营，在有的地方也包括以休闲旅游为经营项目的家庭农场，将附带第一产业的农庄纳入家庭农场范畴。经营规模达到一定标准并相对稳定。即从事粮食作物的,租期或承包期在 5 年以上的土地经营面积达到 50 亩(一年两熟制地区)或 100 亩(一年一熟制地区)以上;从事经济作物、养殖业或种养结合的,应达到当地县级以上农业部门确定的规模标准。以农业收入为主,即农业净收入占家庭农场总收益的 80% 以上;有专业生产经营项目,专业生产率占 90% 以上。

需要特别强调的是从事畜禽养殖的必须取得畜牧、国土部门《规模化畜禽养殖项目登记备案证明》和《规模化畜禽养殖用地登记备案证明》,符合农业部《动物防疫条件审查办法》中畜禽养殖场动物防疫条件,并取得《动物防疫条件合格证》,建有粪污无害化处理设施。从事水产养殖的家庭农场须取得《水域滩涂养殖使用证》。

3. 适度规模经营中规模的确定

适度规模经营应以资源利用效率的科学化、劳动生产率和土地利用率的最大化为标准,无论养殖业还是种植业,人均或亩产值均应高于当地平均水平。经营规模大小应由各省自定,并且分为小、中、大型三类标准。

例如:湖南省,种植业应将每户用地 50 亩(蔬菜 30 亩、果树中药材 100—300 亩)定为小型;每户用地 300—1000 亩定为中型,每户用地 1000 亩以上定为大型。养殖业应根据不同的畜禽种类确定小、中、大型,例如养猪按照年出栏 100—500 头、500—3000 头、3000 头以上划分为小、中、大三个档次。综合类家庭农场的小、中、大型标准以种植和养殖家庭农场规模划分标准为基础,只要达到一项标准或者种养比例相加达到标准,即可确定小、中、大型。

由于耕地资源禀赋不同，各地对于家庭农场经营规模的要求亦不同。农业部关于家庭农场资格条件的认定中，要求"从事粮食作物的，土地经营面积达到 50 亩（一年两熟制地区）或 100 亩（一年一熟制地区）以上；从事经济作物、养殖业或种养结合的，应达到当地县级以上农业部门确定的规模标准"。湖北省要求"从事粮棉油大宗农产品种植的，土地经营面积不低于 50 亩"。

而吉林省延边州则要求"水稻、蔬菜和经济作物经营面积 450 亩以上，旱田粮食作物经营面积 750 亩以上"，并且土地必须相对集中连片。

江苏省除对土地经营规模做出具体要求之外，还指出"从事种养相结合的，其土地经营规模应当达到标准下限的 70% 以上"。

4. 集约经营方式

传统家庭农业采取粗放经营方式，主要是靠扩大面积来增加产出，经济效益、生态效益和社会效益比较低。现代家庭农场通过经营要素质量的提高、含量的增加和投入的集中以及组合方式的调整来增进效益的集约经营方式，以效益为根本对经营诸要素进行重组，实现以最小的成本获得最大的投资回报。

5. 农场主的素质要求

家庭农场要实行机械化、专业化、标准化和商品化生产，就必然要求农场业主具有较高的学历和专业技术水平。家庭农场业主的学历和专业技术，至少应当具有高中毕业以上且经专业技术部门培训获得有关专业技术认证。

同时，家庭农场主作为新的生产力代表，不仅要对第一产业进行精耕细作，更要实施要素重组优化和农业产业化经营，实行产加销一体化、"三产"融合的综合经营手段，从而达到农业效益最大化。家庭农场经营者应接受过农业技能培训,对其他农户开展的农业生产有示范带动作用。

6. 稳定的经营期限

家庭农场应建立稳定的生产经营关系。家庭农场投资回收期很长,一般情况下种植水稻、蔬菜的家庭农场土地租赁期限要 10 年以上,水果苗木及养殖业的至少 20 年以上,开发山地蓄养林木的 50 年以上。

7. 家庭农场经营范围

在经营范围的认定方面,家庭农场可以在从事农、林、牧、渔、种植、养殖业的基础上,兼营相关研发、加工、销售或服务。经营范围中有法律法规和国务院决定规定需要前置许可的,应依法依规办理前置审批文件或许可证件。

江苏省规定,家庭农场应"以谷物、蔬菜、水果、园艺作物或其他农作物种植以及水产养殖为主要经营项目",但是可以在"种养结合或兼营相应的农场休闲观光服务"。

浙江省还要求家庭农场"从事的农业生产经营活动应当符合当地政府的农业发展规划、产业布局和环境保护等方面要求"。相对于省级规定来说,一些基层政府对于家庭农场经营范围的认定较宽泛。例如,浙江省江山市就规定,家庭农场可以从事"农产品运输贮藏、引进新技术新品种以及农业生产经营有关的技术培训、交流和信息咨询服务"。

8. 资源权证合法有效

开办家庭农场所租赁或转让的土地、水体、山林等必须经过法定程序,签订相应的具有法律保障性质的合同。家庭农场经营活动必须有比较完整的财务收支记录。

家庭农场要实现集约化经营和专业化生产,都必须建立在一定的经营规模基础之上。然而,经营规模的变化,会对土地生产率、劳动生产率产生不同的影响。发展规模经营,既要注重提升劳动生产率,也要兼顾土地生产率,必须将经营规模控制在"适度"范围内。

从目前来看,除上海松江以外,其他各地确定的资格条件只是规定了经营规模的下限,而没有明确上限。从我国人多地少的基本国情出发,家庭农场的规模不宜过大,应因地制宜制定规模范围。

9. 农场从业人员数量

以家庭成员为主要劳动力,即无常年雇工或常年雇工数量不超过家庭务农人员数量。

家庭农场的从业人员是以自有劳动为主,主要依靠家庭劳动力完成基本生产经营活动。在家庭农场的农业人员及雇工管理方面,农业部要求家庭农场应"以家庭成员为主要劳动力",并将其具体解释为"无常年雇工或常年雇工数量不超过家庭务农人员数量"。浙江省衢州市要求"在农场固定从业的家庭成员不少于2人",但是没有对雇工管理做出规定。在省级登记管理办法中,浙江省也没有明确规定。

所以,家庭成员作为主要劳动力,既是区别于依靠雇佣劳动力从事生产经营的农业企业的核心要素,也是坚持和完善我国农村基本经营制度,保证家庭的经营主体性的必要条件。从实践来看,资格条件中直接对家庭农场从业人员或雇工数量进行规定,可以以家庭成员投入农业生产经营活动的劳动时间与总劳动时间的比例作为衡量指标。这一比例原则上不应低于60%,具体数值可由各地农业部门依据本地资源配置情况自主确定。

三、申报程序

（一）核准

申请办理家庭农场登记的，须先到工商部门登记窗口办理名称预先核准，凭"名称预先核准通知书"到有关部门取得资格认定。

（二）申报

申报单位对照家庭农场申报条件，填报《家庭农场申请表》，随报有关证明材料，向所在镇街主管部门提出申请，镇街主管部门对农场所报材料进行审核、筛选，以镇街为单位向市委农工办报送审核材料。

（三）认定

主管部门根据镇街申报材料进行汇总，提出初审意见，会同相关部门进行实地考察、审查、综合评价，提出认定意见，由市委农工办发文公布，颁发家庭农场资格证。

（四）工商登记

获得市级主管部门资格认定的家庭农场，按照自愿的原则，可到市级或以上工商部门办理工商登记，获得法人资格。工商部门要适当放宽家庭农场注册登记条件，实行免费注册登记。

四、认定内容

名称选用与类型选择、升级变更与年检审查是家庭农场登记管理中的重要环节,农业部《关于做好 2013 年农业农村经济工作的意见》中提出,"开展家庭农场统计监测,鼓励有条件的地方建立家庭农场注册登记制度,制定扶持政策和管理服务办法。"然而,国家工商总局并未出台相关意见。因此,各地的家庭农场登记管理工作需要结合各地情况进行。

2014 年 2 月 26 日,农业部于官网发布《关于促进家庭农场发展的指导意见》(农经发〔2014〕1 号)文件。农业部明文规定:家庭农场可自主决定办理工商注册登记,并积极探索建立家庭农场管理服务制度。

所以,家庭农场发展是一个渐进过程,要靠农民自主选择。《意见》指出,为增强扶持政策的精准性、指向性,农业部要求县级农业部门建立家庭农场档案,明确家庭农场认定标准,对经营者资格、劳动力结构、收入构成、经营规模、管理水平以及认定原则和程序实行动态管理等提出了相应的要求。

(一)认定原则

1. 自愿认定的原则

家庭农场不是一种独立的法人组织,不一定要办理工商注册登记。依照自愿的原则,家庭农场可自主决定办理工商注册登记,以取得相应市场主体资格。

2. 灵活性原则

从地方实践看,家庭农场在工商部门登记的方式也十分灵活,有的登记为个体工商户,有的登记为个人独资企业,还有的登记为有限责任公司。但是,一般而言,家庭农场不能登记为合作社,但可以根据自身需求,牵头或参与组建合作社。灵活性是指家庭农场注册等级的名称应该反映主营业务的特点,要为家庭农场的品牌塑造与形象提升留有空间。

3. 示范引领原则

为增强政策扶持的精准性和指向性,2014 年 2 月,农业部专门制定下发了《关于促进家庭农场发展的指导意见》。《意见》强调,县级农业部门应当建立家庭农场档案,在家庭农场认定标准中,对经营者资格、劳动力结构、收入构成、经营规模、管理水平等提出相应要求。

4. 规范性原则

规范性是指家庭农场作为一种新型农业经营主体,应对名称进行统一规范。尤其是,在当前家庭农场的名称尚未取得广泛社会认知的情况下,统一使用"家庭农场"这一名称,有助于提高家庭农场的识别度。

要求积极开展示范家庭农场创建活动,并建立和发布示范家庭农场名录,发挥家庭农场的示范引领作用,提高家庭农场整体经营管理水平。

（二）家庭农场的名称核准要求

目前出台的省级政府文件,普遍要求家庭农场登记的名称中标注"家庭农场"字样。家庭农场名称中冠用行业用语的,还应使用国民经济行业分类中有关农林牧渔业细分类别用语表述。《浙江省家庭农场登记暂行办法》规定,家庭农场名称由行政区划、字号、家庭农场依次组成。与省级文件相比,一些县市级政府关于家庭农场登记名称的规定比较灵活。2012 年,浙江省嘉兴市认定首批"示范性家庭农场",家庭农场名称遵循规范性和灵活性统一的原则。

家庭农场名称的核准部门为工商部门。

(三)家庭农场的市场主体类型

目前,工商部门没有将家庭农场划分为独立类型的市场主体,而是按照现有的市场主体登记类型,将家庭农场登记为个体工商户、个人独资企业、合伙企业或有限公司。家庭农场根据所登记的市场主体类型,选择相应的出资方式。浙江规定,家庭农场申请人可以以货币、实物、土地承包经营权、知识产权、股权、技术等多种形式、方式出资。

家庭农场登记机关为其住所或经营场所所在地的市、县工商行政管理局以及大、中城市工商行政管理分局。

在家庭农场的市场主体类型上,各地均有创新。家庭农场的名称可以与农民专业合作社、公司等其他组织形式联用。家庭农场办理工商登记后,可以成为农民专业合作社的单位成员或公司的股东。农村家庭成员超过 5 人,可以以自然人身份登记为"家庭农场专业合作社"。

(四)家庭农场的升级变更

家庭农场可以登记为 4 类市场主体类型,只要符合相关条件,家庭农场可以在 4 种类型之间申请升级与变更。例如,《湖北省工商局湖北省农业厅关于做好家庭农场登记管理工作的意见》(鄂工商规〔2012〕85 辆)规定:登记为个体工商户、个人独资企业、合伙企业的家庭农场,可按有关转型升级政策规定,申请转办为公司制家庭农场。经登记的家庭农场企业,可按有关规定出资成为公司股东、农民专业合作社成员。

浙江省规定,家庭农场转型升级采取公司等组织形式登记的,可保留原字号和行业用语。原经营项目中有法律法规规定需经许可经营的,经发证机关确认可继续经营。

各地对于家庭农场的管理,均采取工商部门与农业部门双重管理制度。家庭农场需在设立登记、变更登记办结后 30 日内,向当地农业等部门报送备案材料。

从目前来看,各地对于家庭农场升级变更的规定,还比较笼统。

(五)家庭农场的年检与审查

年检与审查是工商部门依法按年度根据家庭农场提交的年检材料,对家庭农场经营资质的复核行为。对于一般企业而言,年检制度是一项成熟的监督管理制度。家庭农场登记注册以后,是否进行年检与审查,年检是否收费,各地规定不一。很多地方还没有开展这方面的工作。江苏省明确要求,经登记的家庭农场应根据自身登记的市场主体类型,每年在规定的时间内向登记机关申请办理年检验照,并报送相关经营信息。山东省诸城市提出,对家庭农场实施动态管理制度,对认定批准的家庭农场,实行动态管理,两年审定一次,并且免收年检费。

五、动态管理规划措施

家庭农场是以家庭经营为基础,又与现代农业生产要素相结合的重要微观经济组织。它既是家庭农业的重要实现形式,又是新型农业经营体系的重要主体。2013 年中央一号文件也明确提出,要"创造良好的政策和法律环境,采取奖励补助等多种办法,扶持联户经营、专业大户、家庭农场"。中共十八届三中全会提出,要"坚持家庭经营在农业中的基础性地位,推进家庭经营、集体经营、合作经营、企业经营等共同发展的农业经营方式创新。鼓励承包经营权在公开市场上向专业大户、家庭农场、农民合作社、农业企业流转,发展多种形式规模经营"。

(一)放宽登记认定

1. 允许自主选择组织形式

鼓励支持家庭农场经营主体登记为产权清晰、责任明确、具有法人资格的现代企业组织形态。符合公司登记条件的,可以以家庭成员为股东,申请设立具有法人资格的有限公司。规模较小的可申请登记为个体工商户或个人独资企业。

2. 降低出资限额

设立个人独资企业或者个体工商户的,不受出资最低限额、出资方式、出资期限等限制。设立有限公司的,注册资本最低限额 3 万元;注册资本分期出资的,首次出资按注册资本的 20% 缴付,其余两年内缴足。

3. 放宽住所登记条件

设立家庭农场因住所没有法定产权证明的,可提交所在地社区居委会出具的产权证明,申请办理营业执照。

4. 免收相关登记规费

办理家庭农场登记时免收注册登记费和工本费。

（二）加强财政扶持

1. 优先落实农业政策

凡被认定的家庭农场，优先安排承担各类农业项目，优先安排国家各类支农补贴，良种补贴、农机具购置和报废补贴、农资综合补贴等政策向家庭农场倾斜。

2. 鼓励发展设施农业

符合园区建设规划的家庭农场，当年新建的标准冬暖式大棚（单个棚内面积 2 亩以上、设施投入 10 万元以上）每个补贴 5000 元，新建的拱棚（单个棚内面积 1 亩以上、设施投入 5 万元以上）每个补贴 3000 元。

3. 推进土地流转

家庭农场参与现代农业园区建设，成方连片且管理规范，当年新增流转土地每亩补贴 100 元。

4. 鼓励品牌认证

家庭农场当年通过农产品"三品一标"认证的，每个补助 1000 元。

5. 强化示范引导

市里每年评选 30 家示范家庭农场，每个奖补 1 万元。

6. 免交相关税费

除上级有新的明确的规定外，注册登记的家庭农场不缴纳任何税费。

（三）跟进信贷支持

1. 拓宽信贷渠道

对已在工商部门注册登记的家庭农场采取农户信用评定贷款、农村土地反担保贷款"诚富通"贷款"公司＋家庭农场""公司＋农民专业合作社＋家庭农场""4＋1"农业产业链贷款等多种信贷产品予以支持。

2. 创新担保方式

农村金融机构、政策性银行、邮政储蓄银行和商业银行要简化担保手续，家庭农场贷款可采取一户多保、农村土地反担保、联场担保、抵（质）押等担保方式，确保信贷资金安全到位。

（四）提高服务水平

1. 简化审批程序

建立"家庭农场登记绿色通道"，对家庭农场实行"一站式"服务。以个人独资企业、有限公司注册登记的家庭农场，到市便民服务中心工商局登记窗口进行名称核准并登记；以个体工商户注册登记的家庭农场，到所在地工商所登记窗口进行名称核准并登记。

2. 限定办结时限

农户申请成立家庭农场，镇街即时予以受理，有关职能部门跟进认定，7个工作日内办结。除法律、行政法规和国务院决定规定必须取得前置审批的项目外，只要手续完备，当场受理，当场登记。

六、发展规划

不少地方政府开始在家庭农场认定标准、登记条件、支持措施等制度建设方面加紧探索，并且已经取得了一定的经验。未来应该在对家庭农场的统筹规划、分类指导等方面进行动态管理，推进家庭农场有序发展。

（一）以大户为基础，逐步升级

1. 主体地位的升级

专业大户经过工商注册登记为家庭农场后，生产经营可以独立承担法律责任。随着相关政策的不断完善，家庭农场还可以在贷款等方面获得一系列优惠扶持政策。

2. 经营稳定性的升级

家庭农场在土地流转期限、规模等方面，相对于大量的三五年合同期且年限随时变化的种植大户而言，需要更加稳定。

3. 产业的升级

由于家庭农场经营时限较长，农场主可以克服短期发展的弱势，制订较长远的发展规划，加大投入，逐步向农产品加工和销售等二、三产业延伸发展，实行产加销一体化，实现产业发展水平的提升。

4. 效益的升级

家庭农场实行集约经营和产业综合开发，不论经济效益、生态效益还是社会效益均应高于一般的种养大户。

（二）以专业为基础，专业向综合类发展

目前的家庭农场一般包括专业类和综合类两个方面。专业类又分为种植类和养殖类，综合类分为种养结合类和农牧结合类。

家庭农场的发展是渐进的过程，会受到资金、技术、土地流转、业主素质等多方面的影响，指引其立足自身，在已有种植或养殖的基础上做大做强。

（三）以中小型为基础，逐步壮大

国际上现代农业比较发达的国家都注重发展中小型家庭农场。美国中小型家庭农场占全国家庭农场总数的 87％ 以上，加拿大中小型家庭农场占 90％ 以上。我国地少人多，土地又是集体所有，从国情和多种因素综合考虑，发展家庭农场应重点扶持发展中小型农场，引导其逐步壮大。目前湖南省的种粮大户中，拥有 4.5—450 亩农场规模的占 95％ 以上，这些中小型农场是家庭农场的发展基础。

第六章 家庭农场的政策支持

　　自 2013 年中央一号文件首次提出"家庭农场"的概念以来,扶持、发展、壮大家庭农场就成了政府农业农村工作的重要内容。许多地方政府相继出台扶持家庭农场发展的政策文件。据不完全统计,截至 2014 年 3 月,全国已有 10 个省、55 个市(县、区)出台扶持家庭农场发展的文件,并明确了具体扶持措施。

　　农业部门将家庭农场纳入现有支农政策扶持范围,并予以政策倾斜,重点支持家庭农场稳定经营规模、改善生产条件、提高技术水平、改进经营管理等,用以加强与有关部门沟通协调,推动落实涉农建设项目、财政补贴、税收优惠、信贷支持、抵押担保、农业保险、设施用地等相关扶持政策,帮助解决家庭农场发展中遇到的困难和问题。

　　2015 年,国家有关部门采取一系列措施引导支持家庭农场健康稳定发展,主要包括:开展示范家庭农场创建活动,推动落实涉农建设项目、财政补贴、税收优惠、信贷支持、抵押担保、农业保险、设施用地等相关政策,加大对家庭农场经营者的培训力度,鼓励中高等学校特别是农业职业院校毕业生、新型农民和农村实用人才、务工经商返乡人员等兴办家庭农场。发展多种形式的适度规模经营。鼓励有条件的地方建立家庭农场登记制度,明确认定标准、登记办法、扶持政策。探索开展家庭农场统计和家庭农场经营者培训工作。推动相关部门采取奖励补助等多种办法，扶持家庭农场健康发展。

一、农业补贴政策

财政部、农业部《关于调整完善农业三项补贴政策的指导意见》（财农〔2015〕31号）中，明确要求在稳定加大农业补贴力度的同时，逐步完善农业补贴政策，改进农业补贴办法，向规模农业倾斜，提高农业补贴政策效能。在保粮食产量向保粮食产能的政策转变面前，中央此时调整农业补贴政策。对于各位家庭农场主来说，本本分分种好自己的地，就会获得越来越多的补助和支持。

同时，财政部、农业部决定从2015年开始调整完善农业"三项补贴"（农作物良种补贴、种粮农民直接补贴和农资综合补贴）等补贴政策，提高农业政策的效能。

（一）种粮补贴（粮食直补）

种粮农民直接补贴是国家为了保护种粮农民利益、调动农民种粮积极性、提高粮食产量和促进农民增收，给种粮农民的一项政策性补贴，简称粮食直补。

1. 实施办法

对每省范围内从事农业种粮生产的农民进行补贴，资金通过"粮食风险基金专户"汇到各县（市、区），由县乡财政部门测算分配到每一种粮农户，并一次性发放到惠农存折上，并由乡镇政府进行公示。

2.补贴标准

按照粮食播种面积、三年平均粮食产量、粮食商品量等各占一定比例进行计算分配确定。

（二）农作物良种补贴

农作物良种补贴指国家通过建立良种推广示范区，对选用农作物良种并配套使用良种技术的农民进行资金补贴。

实施该项补贴的目的是支持农民积极使用优良作物种子，提高良种覆盖率，增加农产品产量，改善产品品质，推进农业区域化布局、规模化种植、标准化管理、产业化经营。目前实施的作物品种有水稻、小麦、玉米、大豆等四大粮食作物及棉花、油菜两种经济作物。

1.补贴品种

水稻、小麦、玉米、大豆、青稞、油菜、花生、棉花等农作物。小麦、玉米、大豆、油菜、青稞每亩补贴 10 元。其中，新疆地区的小麦良种补贴 15 元，水稻、棉花每亩补贴 15 元，马铃薯一、二级种薯每亩补贴 100 元，花生良种繁育每亩补贴 50 元、大田生产每亩补贴 10 元。

2.实施办法

中央财政农作物良种补贴方式暂不做统一要求。各地要根据本地实际，按照让农民得实惠、提高良种覆盖率的原则自行确定。水稻、玉米、油菜补贴采取现金直接补贴方式，小麦、大豆、棉花可采取统一招标、差价购种补贴方式，也可现金直接补贴。

3.补贴对象(范围)

补贴对象为农民、种植大户、家庭农场、农民合作社或企业。

2015年新增补贴向粮食等重要农产品、新型农业经营主体（专业大户、家庭农场和农民合作社）、主产区倾斜政策。

（三）农资综合补贴

农资综合补贴是指政府对农民购买农业生产资料（包括化肥、柴油、种子、农机）实行的一种直接补贴制度。

在综合考虑影响农民种粮成本、收益等变化因素后，通过农资综合直补及各种补贴，保证种粮者收益的相对稳定，促进国家粮食安全。其资金来源于粮食风险基金，通过粮食风险基金专户下拨到各个经营户。

1. 实施办法

在全国范围内调整20％的农资综合补贴资金用于支持粮食适度规模经营，加大对粮食适度规模经营的支持力度，促进农业可持续发展。

2. 补贴标准

补贴数额各个省差异较大，具体结合各个省的情况执行。

（四）畜牧良种补贴政策

从2005年开始，国家实施畜牧良种补贴政策。2013年投入畜牧良种补贴资金12亿元，主要用于对养殖场（户）购买优质种猪（牛）精液或者种公羊、牦牛种公牛给予价格补贴。生猪良种补贴标准为每头能繁母猪40元；奶牛良种补贴标准为荷斯坦牛、娟姗牛、奶水牛每头能繁母牛30元，其他品种每头能繁母牛20元；肉牛良种补贴标准为每头能繁母牛10元；羊良种补贴标准为每只种公羊800元；牦牛种公牛补贴标准为每头种公牛2000元。

（五）农机具购置补贴

该政策于 2004 年启动实施,此后中央财政不断加大投入力度,补贴资金规模连年大幅度增长。2011 年农机具购置补贴增加到 175 亿元,比上年增长 20 亿元,补贴范围继续覆盖全国所有农牧业县(场)。

1. 补贴机具种类

涵盖 12 大类 46 个小类 180 个品目,在此基础上各地可再自行增加 30 个品目。中央财政农机购置补贴资金实行定额补贴,同一种类、同一档次农业机械在省域内实行统一补贴标准。定额补贴按不超过各省市场平均价格的 30% 测算。单机补贴上限 5 万元,部分大型农机具可提高到 12 万元,大型棉花采摘机、甘蔗收获机、200 马力以上拖拉机单机补贴额可提高到 20 万元。

2. 补贴对象

2015 年,农机购置补贴政策在全国所有农牧业县(场)范围内实施,补贴对象为直接从事农业生产的个人和农业生产经营组织。

3. 补贴标准实施办法

中央财政农机购置补贴资金实行定额补贴,即同一种类、同一档次农业机械原则上在省域内实行统一的补贴标准,不允许对省内外企业生产的同类产品实行差别对待。一般机具的中央财政资金单机补贴额不超过 5 万元;挤奶机械、烘干机单机补贴额不超过 12 万元;100 马力以上大型拖拉机、高性能青饲料收获机、大型免耕播种机、大型联合收割机、水稻大型浸种催芽程控设备单机补贴额不超过 15 万元;200 马力以上拖拉机单机补贴额不超过 25 万元;大型甘蔗收获机单机补贴额不超过 40 万元;大型棉花采摘机单机补贴额不超过 60 万元。

纳入《全国农机深松整地作业实施规划》(农办机〔2011〕1 号)的省份可结合实际,在农机购置补贴资金中安排补助资金(不超过补贴资金总量的 15％)用于在适宜地区实行农机深松整地作业补助。鼓励有条件的农机大户、农机合作社等农机服务组织承担作业补助任务,开展跨区深松整地作业等社会化服务。

为增强补贴的指向性、精准性和实效性,加大对粮食适度规模经营支持力度,根据当前化肥和柴油等农业生产资料价格下降的情况,各省、自治区、直辖市、计划单列市要从中央财政提前下达的农资综合补贴中调整 20％的资金,加上种粮大户补贴试点资金和农业"三项补贴"增量资金,统筹用于支持粮食适度规模经营。支持对象为主要粮食作物的适度规模生产经营者,重点向种粮大户、家庭农场、农民合作社、农业社会化服务组织等新型经营主体倾斜,体现"谁多种粮食,就优先支持谁"。

支持发展多种形式的粮食适度规模经营,既可以支持因土地有序流转形成的土地适度规模经营,也可以支持土地股份合作和联合或土地托管方式、龙头企业与农民或合作社签订订单实现规模经营,农业社会化服务组织提供专业的生产服务实现区域规模经营等其他形式的粮食适度规模经营。重点支持建立完善农业信贷担保体系。通过农业信贷担保的方式为粮食适度规模经营主体贷款提供信用担保和风险补偿,着力解决新型经营主体在粮食适度规模经营中的"融资难""融资贵"问题。

未来将农业"三项补贴"合并为"农业支持保护补贴",用于支持耕地地力保护和粮食适度规模经营,将 80％的农资综合补贴存量资金,加上种粮农民直接补贴和农作物良种补贴资金,用于耕地地力保护。(资料来源:家庭农场指南网,www.jtnczn.com/anticle-60-1. html)

随着国力的不断增强,国家将加大对专业大户、家庭农场和农民合作社等新型农业经营主体的支持力度,实行新增补贴向专业大户、家庭农场和农民合作社倾斜政策。鼓励和支持承包土地向专业大户、家庭农场、农民合作社流转,发展多种形式的适度规模经营。鼓励有条件的地方建立家庭农场登记制度,明确认定标准、登记办法、扶持政策。探索开展家庭农场统计和家庭农场经营者的培训工作。推动相关部门采取奖励补助等多种办法,扶持家庭农场健康发展。

二、农业保险政策

农业保险是专为农业生产者在从事种植业、林业、畜牧业和渔业生产过程中,对遭受自然灾害、意外事故疫病、疾病等保险事故所造成的经济损失提供保障的一种保险。

(一)保险种类

1.农作物保险

对于种植业保险,中央财政对中西部地区补贴 40%,对东部地区补贴 35%,对新疆生产建设兵团、中央直属垦区、中储粮北方公司、中国农业发展集团公司(以下简称中央单位)补贴 65%,省级财政补贴不低于 25%。截至 2014 年,中央财政提供农业保险保费补贴的品种有玉米、水稻、小麦、棉花、马铃薯、油料作物、糖料作物。2014 年,国家进一步加大农业保险支持力度,提高中央、省级财政对主要粮食作物保险的保费补贴比例,逐步减少或取消产粮大县县级保费补贴,不断提高稻谷、小麦、玉米三大粮食品种保险的覆盖面和风险保障水平。

2. 能繁母猪保险

中央财政对中西部地区补贴 50％,对东部地区补贴 40％,对中央单位补贴 80％,地方财政补贴 30％。

（二）保险原则

全覆盖和地方自行增加的原则相结合,中央财政农业保险保费补贴政策覆盖全国,地方可自主开展相关险种。

鼓励保险机构开展特色优势农产品保险,有条件的地方提供保费补贴,中央财政通过以奖代补等方式予以支持;扩大畜产品及森林保险范围和覆盖区域;鼓励开展多种形式的互助合作保险。

三、税收优惠政策

2014 年中央一号文件税收优惠政策的核心体现在"三农"上。根据家庭农场的组织形式和经营范围,农场主可享受的税收政策主要包括增值税、营业税、房产税、土地使用税、个人所得税、企业所得税等。

（一）免征收个人所得税

根据财政部、国家税务总局《关于个人独资企业和合伙企业投资者取得种植业、养殖业、饲养业、捕捞业所得有关个人所得税问题的批复》(财税〔2010〕96 号)等有关规定,对注册形式为个人或个体工商户、个人独资企业和合伙企业,又从事种植业、养殖业、饲养业和捕捞业(以下简称"四业")的,其投资者取得的"四业"所得暂不征收个人所得税。"四业"是农业中的第一产业,当然包括从事该"四业"的家庭农场。

(二)免征、减征企业所得税

企业从事农、林、牧、渔业项目的所得可以免征、减征企业所得税。根据《企业所得税法》及实施条例的规定,依照中国法律、行政法规的规定在中国境内成立的企业、事业单位、社会团体以及其他取得收入的组织属于企业所得税的纳税人,包括注册形式为有限公司的家庭农场。根据《企业所得税法》第二十七条第一项及实施条例第八十六条规定,企业从事农、林、牧、渔业项目的所得可以免征、减征企业所得税。

1. 免征企业所得税的项目

包括蔬菜、谷物、薯类、油料、豆类、棉花、麻类、糖料、水果、坚果的种植;农作物新品种的选育;中药材的种植;林木的培育和种植;牲畜、家禽的饲养;林产品的采集;灌溉、农产品初加工、兽医、农技推广、农机作业和维修等农、林、牧、渔服务业项目;远洋捕捞等八项内容。

2. 减半征收企业所得税的项目

包括花卉、茶以及其他饮料作物和香料作物的种植和海水养殖、内陆养殖两项内容。

家庭农场适用企业所得税减半优惠的种植、养殖项目,并直接进行初加工且符合农产品初加工目录范围的,企业应合理划分不同项目的各项成本、费用支出,分别核算种植、养殖项目和初加工项目的所得,并各按适用的政策享受税收优惠。

（三）免征增值税

从事农业生产的单位和个人销售的自产农产品免征增值税。《中华人民共和国增值税暂行条例》及实施细则第十五条和第三十五条规定,农业生产者销售的自产农产品免征增值税,这里所称农业,是指种植业、养殖业、林业、牧业、水产业。农业生产者,包括从事农业生产的单位和个人。农产品,是指初级农产品,具体范围由财政部、国家税务总局确定。

（四）免征营业税

将土地使用权转让给农业生产者用于农业生产的,收取的固定承包金根据财政部、国家税务总局《关于对若干项目免征营业税的通知》（财税字〔1994〕2 号）的规定,将土地使用权转让给农业生产者用于农业生产,免征营业税。农村、农场将土地承包（出租）给个人或公司用于农业生产,收取的固定承包金（租金）,可免征营业税。

（五）农林牧渔业用地免征收房产税和土地使用税

根据《中华人民共和国城镇土地使用税暂行条例》第六条规定,直接用于农、林、牧、渔业的生产用地免缴土地使用税。直接用于农、林、牧、渔业的生产用地可以免征城镇土地使用税,其中,生产用地是指直接从事种植、养殖、饲养的专业用地,不包括农副产品加工场地和生活、办公用地。国家税务总局《关于调整房产税和土地使用税具体征税范围解释规定的通知》（国税发〔1999〕44 号）进一步明确,对农、林、牧、渔业用地和农民居住用房屋及土地,不征收房产税和土地使用税。

四、扶持方式

（一）分类扶持

对发展到一定规模的家庭农场，进行分类指导，帮助解决发展中遇到的问题。对进入规模化、规范化发展阶段的家庭农场，着力培育一批经营规模大、服务能力强、质量安全优、规范管理好的示范家庭农场，充分发挥典型引领、示范带动作用。

1. 优先扶持

在财政扶持资金安排上，重点用于支持生产基础设施建设，支持引进优质高产新品种、种养新模式、推广新技术，开展科技信息、市场营销交流等信息化服务。

2. 扶持项目类型

支持组织标准化生产，开展"绿色食品""有机产品"认证，"食品安全管理体系""良好农业规范认证"质量标准与认证等建设内容。支持积极获得行政认可的"证明商标""地理标志产品保护"和著名商标的产品品牌创建。

（二）规范指导

以规范促发展，鼓励符合家庭农场条件的种养殖大户在工商部门登记注册。促进主管部门出台家庭农场生产管理规范，切实研究制定家庭农场财务管理制度。广泛开展面向以农场主为主的经营管理人才，以会计为主的财务管理人才，以专业技术人员为主的种养人才的培训。鼓励家庭农场按照"龙头企业＋合作社＋家庭农场"或"专合组织＋家庭农场＋农户"等组织市场模式,开展农产品生产、营销和加工规范化生产,实现多层次、多领域延伸和扩张。

（三）引导新型金融扶持

通过培育信用村、信用户,营造良好的农村信用环境,加大政府的扶持力度。鼓励金融机构特别是农村新型金融机构发展,大力创新适合家庭农场发展需要的金融产品,探索适合的信贷抵押担保制度,进一步探索扩大家庭农场的土地承包经营权、农民住房、温室大棚等可用于贷款担保的财产范围,通过设立农村产权抵押融资风险基金的方式建立补偿机制,防范金融风险,推动家庭农场产权抵押融资工作。在金融机构贷款上,财政可以对高于基准利率部分的家庭农场贷款实行财政贴息,鼓励延长农业贷款期,对期限三年以上的贷款给予一定补贴等。加快农业保险体系建设,支持积极探索"保险＋信贷"等银行业与保险业服务相结合的模式,建立农产品销售价格指数政策性保险机制,不断扩大政策性保险支持的农业品种范围,对家庭农场参保和保险承办机构给予一定财政补贴。(资料来源:《中国财政》,2014 年第 11 期)

五、扶持政策的改进

（一）探索"以奖代补"机制

鼓励家庭农场投身粮食生产功能区、现代农业园区建设,参与农村土地整理和连片开发,鼓励集中连片经营 100 亩以上的家庭农场参与高标准基本农田地力建设,探索建立"以补代建"机制。

（二）免征税收政策

是对家庭农场的农业生产经营活动实施农业减免税政策和税费优惠政策。对家庭农场拖拉机不征车船税，直接用于农、林、牧、渔业的生产用地免征城镇土地使用税，对从事农业机耕、排灌、病虫害防治、植物保护、农牧保险以及相关技术培训业务，家禽、牲畜、水生动物的配种和疾病防治取得的收入免征营业税。

（三）增加信贷支持

加大对家庭农场的信贷支持力度，对用于家庭农场等新型主体的贷款给予贴息。积极开展大型农用生产设施设备抵押、流转后土地承包经营权抵（质）押、动产质押、仓单和应收账款质押等新型信贷业务，支持各类政策性农业担保公司将家庭农场纳入服务范围，省财政对符合条件的农业担保机构给予一定风险补偿。

（四）优化农业保险服务

扩大政策性农业保险覆盖范围，鼓励各地开发地方特色品种，积极争取将我省更多的农业保险品种纳入中央财政保费补助范围。开展家庭农场综合性保险试点，加强保险与涉农信贷协作配合，针对家庭农场特点，创新质押担保方式和融资工具，开展农业保险保单质押贷款，完善政府补助和商业保险结合的家庭农场保险体系。（资料来源：浙江省财政厅，http://www.zjczt.gov.cn/pub/zjsczt/zwgk/zcfg/zcjd/201405/t20140530_351131.htm）

附录一 浙江省家庭农场登记暂行办法

浙工商企〔2013〕16 号

第一条 为贯彻《中共中央国务院关于加快发展现代农业，进一步增强农村发展活力的若干意见》（中发〔2013〕1 号）精神，扶持新型农业生产经营主体发展，根据有关法律法规，制定本办法。

第二条 本办法所称的家庭农场是指以家庭成员为主要劳动力，从事农业规模化、集约化、商品化生产经营，并以农业收入为家庭主要收入来源的新型农业经营主体。

第三条 申办家庭农场应当依法注册登记，领取营业执照，取得市场主体资格。

第四条 工商部门是家庭农场的登记机关，按照登记权限分工，负责本辖区内家庭农场的注册登记。

第五条 家庭农场可以根据生产规模和经营需要，申请设立为个体工商户、个人独资企业、普通合伙企业或者公司。

第六条 家庭农场申请工商登记的，其企业名称中可以使用"家庭农场"字样。

以公司形式设立的家庭农场的名称依次由行政区划、商号、

"家庭农场"和"有限公司(或股份有限公司)"字样四个部分组成。以其他形式设立的家庭农场的名称依次由行政区划、商号和"家庭农场"字样三个部分组成。其中,普通合伙企业应当在名称后标注"普通合伙"字样。

第七条　家庭农场的经营范围应当根据其申请核定为"＊＊(农作物名称)的种植、销售;＊＊(家畜、禽或水产品)的养殖、销售;种植、养殖技术服务"。

法律、行政法规或者国务院决定规定属于企业登记前置审批项目的,应当向登记机关提交有关许可证件。

第八条　家庭农场申请工商登记的,应当根据其申请的主体类型向工商部门提交国家工商总局规定的申请材料。

家庭农场无法提交住所或者经营场所使用证明的,可以持乡镇、村委会出具的同意在该场所从事经营活动的相关证明办理注册登记。

第九条　工商部门应当根据实际情况,开通家庭农场绿色通道,落实专人开展行政指导、政策咨询、表格发放和材料审核等,为家庭农场提供高效便捷的准入服务。

第十条　工商部门应当与农业部门加强沟通协作,形成合力,强化对家庭农场的支持服务,积极引导家庭农场持续健康发展。

第十一条　符合农业部门规定的认定标准的家庭农场,可以享受相应的扶持和优惠措施。

第十二条　本办法自印发之日起施行。

附录二 浙江省示范性家庭农场创建办法（试行）

浙农经发〔2013〕15 号

第一章 总则

第一条 根据中央一号文件和浙江省人民政府办公厅《关于培育发展家庭农场的意见》（浙政办发〔2013〕120 号）精神，为加快构建新型农业经营体系，扎实开展全省家庭农场示范创建活动，规范省示范性家庭农场创建管理，制定本办法。

第二条 家庭农场是农户家庭为基本经营单位，以家庭成员为主要劳动力，从事农业规模化、集约化、商品化生产经营，以农业收入为家庭主要收入来源，并经工商注册登记的新型农业经营主体。本办法适用于省示范性家庭农场创建、申报和动态管理。

第三条 示范性家庭农场创建，按照全省发动、分级开展，主体自愿、动态管理原则进行。由省农业厅制定省示范性家庭农场创建标准，各地因地制宜组织创建和择优推荐，每年组织推荐确定一次，实行动态管理。

第四条 省农业厅负责省示范性家庭农场的创建管理，开展省示范性家庭农场创建评审，做好相应的监测和扶持服务工作。

第二章　创建条件和申报材料

第五条　参加省示范性家庭农场创建必须是县级以上示范性家庭农场、专业从事农业生产 3 年以上,并具备以下条件:

(一)有资质。按照《浙江省家庭农场登记暂行办法》,经工商登记有营业执照,领用发票,有生产经营场所,实行财务核算管理。

(二)有技能。农场主长期、稳定、专业从事商品化农产品生产,具有相应的知识技能;以家庭成员为主要劳动力;采用先进实用技术,先进科技应用面达到 90％以上。

(三)有规模。经营土地的流转年限至少在 5 年以上,并签订规范的流转合同,流转期限内不得转包;规模下限是当地县级农业部门认可的规模经营标准;经营规模与家庭成员为主要劳动力相适应。

(四)有设施。有生产设施用房或附属设施用房,生产设施装备与生产规模相配套,机械化水平较高或接受较高的社会化服务。

(五)有规范。实行标准化生产,生产记录齐全,产品使用或注册品牌,质量可追溯;遵守国家产业政策和禁止行为规定,生产经营活动诚信守法;对当地农业生产示范带动作用强。

(六)有效益。土地、劳力、资本要素配置合理,土地产出率、劳动生产率高于同行业全省平均数 30％以上;农场收益是家庭收入的主要来源,成员人均收入相当于或高于当地城镇居民可支配收入。

对从事"米袋子"、"菜篮子"产品生产,实行农牧结合、生态循环的家庭农场,予以优先推荐申报。

第六条　申报创建的家庭农场须提供以下材料:

1.省示范性家庭农场申报表;

2.营业执照复印件;

3. 土地流转合同和清册；

4. 生产设施用房或附属设施用房或其他服务生产经营用房证明材料；

5. 农场生产经营收支记录或财务会计报表；

6. 农场执行的生产标准及相关管理制度；

7. 农场参与或直接进行的无公害、绿色、有机认证及商标注册等证明材料；

8. 市、县(市、区)示范性家庭农场创建文件；

9. 其他证明材料。

第三章　创建程序和动态管理

第七条　每年 6 月底前由具备创建条件的家庭农场向所在县(市、区)农业部门提出申请，报送相关材料。县(市、区)农业部门负责对申报单位材料进行真实性审查，依据本办法规定择优推荐，将审查推荐意见及申报材料以文件形式于每年 7 月底前报省农业厅，同时抄送各市农业部门。每个县(市、区)每年推荐数一般不超过 5 家。

第八条　省农业厅根据申报材料组织人员进行审核确认，并通过浙江农业信息网向社会公示。经公示无异议的，由省农业厅授予"浙江省示范性家庭农场"称号，向社会公告。

第九条　对省示范性家庭农场实行动态管理。由家庭农场所属县(市、区)对照标准每年复查一次，并向省农业厅报省家庭农场监测表及上年度经营情况总结，同时抄送各市农业局。

第十条　出现下列情况的，取消省示范性家庭农场称号：

1. 因经营不善，资不抵债而破产或被兼并的；

2. 家庭农场停止实质性生产，或生产经营水平下降，不具备省

级示范性家庭农场创建条件的;

2. 其他不符合创建条件的。

第十一条　出现下列情况的,取消省示范性家庭农场称号并在 3 年内不得参与申报:

1. 发生违反国家产业政策或违法违纪行为的;

2. 发生较大的生产安全、重大农产品质量安全事故的;

3. 提供虚假材料或存在舞弊行为的;

4. 发生其他严重问题的。

第十二条　加大对省示范性家庭农场支持力度,有关农业发展项目向省示范性家庭农场倾斜;同时严格遵守国家规定从事农业生产经营活动,在生产经营中起示范带动作用。

附录三 浙江省出台扶持发展家庭农场政策

　　一是鼓励家庭农场投身粮食生产功能区、现代农业园区建设，参与农村土地整理和连片开发，鼓励集中连片经营100亩以上的家庭农场参与高标准基本农田地力建设，探索建立"以补代建"机制。二是对家庭农场的农业生产经营活动实施农业减免税政策和税费优惠政策。对家庭农场拖拉机不征车船税，直接用于农林牧渔业的生产用地免征城镇土地使用税，对从事农业机耕、排灌、病虫害防治、植物保护、农牧保险以及相关技术培训业务，家禽、牲畜、水生动物的配种和疾病防治取得的收入免征营业税。三是加大对家庭农场的信贷支持力度，对用于家庭农场等新型主体的贷款给予贴息。积极开展大型农用生产设施设备抵押、流转后土地承包经营权抵（质）押、动产质押、仓单和应收账款质押等新型信贷业务，支持各类政策性农业担保公司将家庭农场纳入服务范围，省财政对符合条件的农业担保机构给予一定风险补偿。四是优化农业保险服务，扩大政策性农业保险覆盖范围，鼓励各地开发地方特色品种，积极争取将我省更多的农业保险品种纳入中央财政保费补助范围。开展家庭农场综合性保险试点。加强保险与涉农信贷协作配合,针对家庭农场特点,创新质押担保方式和融资工具,开展农业保险保单质押贷款,完善政府补助和商业保险结合的家庭农场保险体系。

附录四 浙江省人民政府办公厅关于培育发展家庭农场的意见

浙政办发〔2013〕120 号

各市、县(市、区)人民政府,省政府直属各单位:

家庭农(含林、渔,下同)场是以农户家庭为基本经营单位,以家庭成员为主要劳动力,从事农业规模化、集约化、商品化生产经营,以农业收入为家庭主要收入来源,并经工商注册登记的新型农业生产经营主体。培育发展家庭农场是构建新型农业经营体系的基础环节,也是国际现代农业发展的通行做法。根据《中共中央国务院关于加快发展现代农业进一步增强农村发展活力的若干意见》(中发〔2013〕1号)、《中共浙江省委浙江省人民政府关于加快推进农业现代化的若干意见》(浙委〔2012〕118号)等精神,经省政府同意,现就积极培育发展家庭农场提出如下意见:

一、总体要求

顺应现代农业发展规律和趋势,着眼于进一步解放和发展农业生产力,在稳定和完善农村基本经营制度、强化农户主体地位的前提下,坚持以农业生产经营为主业,以规模化、集约化、商品化为方向,通过规范经营管理、开展示范创建、强化支持服务等途径,促进家庭农场提高生产经营水平,使之成为农业现代化建设的重要力量。到 2015 年,力争全省培育发展家庭农场 3 万家左右(其中省级示范性家庭农场 1500 家),经营面积占全省家庭承包耕地面积的 1/3 左右;家庭农场普遍接受社会化服务,80％参加农民专业合作社;土地产出率高出全省平均水平 25％以上;家庭成员人均纯收入达到当地农民人均收入的 2 倍以上或与当地城镇居民可支配收入相当。

二、加强管理服务

(一)规范登记管理。创办家庭农场应按省工商局《浙江省家庭农场登记暂行办法》,到企业住所(经营场所)所在地的工商部门自主选择个体工商户、个人独资企业、普通合伙企业、公司四类主体之一,进行注册登记。工商部门要开辟绿色通道,依法免收注册登记相关费用。今后国家对家庭农场的注册登记有新规定的,按新规定执行。

(二)加强行业指导。根据农业生产条件及产业布局,指导符合家庭农场条件的种养大户、农民专业合作社成员等及早注册登记;支持有家庭农场创办基础的农户尽快达到注册登记条件。有关部门要依据各自职责,加强对家庭农场的指导、扶持和服务,引导其完善农业生产条件,推行规模化、专业化、标准化生产,推广应用先进种养模式和适用技术,实行生产记录、品牌标识、财务核算等管理,提高生产经营和产品质量安全水平。探索组建家庭农场协会,引导家庭农场参与组建农民专业合作社,采用参股、承接订单等形式与农业龙头企业结成紧密协作关系。基层农业公共服务中心要将家庭农场作为重要服务对象,建立农技人员联系制度。引导各类农业社会化服务组织与家庭农场建立起服务对接机制。

(三)开展示范创建。各地要按照现代农业发展要求和家庭农场建设特点,分级组织开展示范性家庭农场创建活动,科学设置创建标准,实行动态管理,建立示范性家庭农场名录。省级示范性家庭农场创建标准由省农业、林业、渔业主管部门制定,原则上要求至少具备以下条件:

1.家庭农场经营者应是长期、稳定、专业从事农业生产的人员,具备相应农业生产技能或具有农业相关专业中专以上学历;

2.家庭成员(包括婚姻和血缘关系)是家庭农场主要劳动力、直接参与生产经营活动,长期雇工不超过家庭成员数;

3.经营土地(水面)须有 5 年(其中林地 3 年)以上流转年限并签订规范的流转合同;

4.经营规模以家庭成员劳动能力可承担为度,收入不低于当地城镇居民相应收入;

5.具有较高的设施装备水平、生产经营管理水平和经济效益。

对从事"米袋子"、"菜篮子"产品生产,实行农牧结合、生态循环的家庭农场,要优先考虑。

三、加大政策扶持力度

(一)引导土地(含林地、水面)流转。坚持依法自愿有偿原则,大力鼓励农民以土地承包经营权入股,组建股份合作农场、农民专业合作社等。加大对种粮农户土地流转补贴的力度,支持村经济合作社统筹协调种植粮食作物和经济作物土地流转价格,推进整村整组连片流转土地;规模化土地优先流给创办家庭农场的村经济合作社成员经营。有条件的地区对长期流出土地农民以灵活就业人员参加社会保险的可给予适当的保费补贴。各地要健全县、乡、村三级土地流转服务体系,积极开展法律咨询、信息发布、中介协调、代理服务、纠纷调处等服务,及时发放流转土地承包经营权证书,进一步规范农村土地流转行为。

（二）强化财政支持。参照农民专业合作社政策,鼓励家庭农场投身粮食生产功能区、现代农业园区建设,支持其参与农村土地整理和连片开发,鼓励集中连片经营 100 亩以上的家庭农场参与高标准基本农田地力建设,探索建立"以补代建"机制。逐步提高家庭农场的土、渠、路、电等建设标准,现代农业生产发展、农业综合开发等资金可用于扶持示范性家庭农场。符合有关条件的家庭农场参照农民专业合作社享受农机购置补贴政策。对省级示范性家庭农场,通过贷款贴息、项目补助、以奖代补等形式予以支持。

（三）加快人才培养。各地要建立家庭农场经营者培训制度,制定培训计划,在安排实施千万农民素质提升工程、农村实用人才培训、现代农业领军人才提升班、农村劳动力培训"阳光工程"等培训时要向家庭农场倾斜。省里每年组织省级示范性家庭农场专项培训,纳入省中高级农村"两创"实用人才培训范围。落实支持大学毕业生从事现代农业的相关政策,吸引大中专毕业生、退役军人、外出务工青年农民、农村经纪人等从事农业。加强农业职业技能鉴定工作,提高农业劳动者生产技能。探索组建农业劳务中介服务组织,努力满足家庭农场临时性用工需求。

（四）落实用地政策。各地要认真落实省国土资源厅、省农业厅《关于进一步完善设施农用地管理有关问题的通知》（浙土资发〔2013〕9号）精神，在安排年度新增建设用地计划时，优先安排直接从事种养业的家庭农场用地，指导家庭农场根据不同种养门类申请生产设施和附属设施用地，各项费用执行最低价。

（五）执行税费优惠政策。家庭农场的农业生产经营活动享受国家规定的有关农业减免税政策。农民专业合作社享有的税费优惠政策，家庭农场符合相关条件的给予同等享受。对家庭农场拖拉机不征车船税，直接用于农林牧渔业的生产用地免征城镇土地使用税，从事农业机耕、排灌、病虫害防治、植物保护、农牧保险以及相关技术培训业务，家禽、牲畜、水生动物的配种和疾病防治取得的收入免征营业税，税务部门要为家庭农场办理税务登记和免税申报手续提供指导和便利。家庭农场生产的鲜活农产品运输按规定享受"绿色通道"政策。

（六）加强信贷支持力度。各类金融机构要优化对家庭农场的信贷支持力度，有条件的市、县（市、区）要对扩大用于家庭农场等新型主体的贷款给予贴息。积极开展大型农用生产设施设备抵押、流转后土地承包经营权抵（质）押、动产质押、仓单和应收账款质押等新型信贷业务，盘活农村存量资产。各级财政应积极支持各类政策性农业担保公司把家庭农场纳入服务范围，及时为符合条件的家庭农场提供融资性担保服务，省财政对符合条件的农业担保机构给予一定风险补偿。

（七）优化农业保险服务。扩大政策性农业保险覆盖范围，鼓励各地开发地方特色品种，积极争取将我省更多的农业保险品种纳入中央财政保费补助范围。开展家庭农场综合性保险试点。加强保险与涉农信贷协作配合，针对家庭农场特点，创新质押担保方式和融资工具，开展农业保险保单质押贷款。进一步加强农业保险基层服务体系建设,优化保险服务。完善政府补助和商业保险相结合的家庭农场保险体系。

四、切实加强组织领导

各地要从深化农村改革、推进"四化同步"的高度,把培育发展家庭农场作为"三农"工作的重要任务来抓,纳入新农村建设考核,加强统筹协调,制定发展规划,明确发展目标和重点,加强政策支持和指导服务。进一步优化发展环境,严禁向家庭农场乱集资、乱摊派、乱收费。省里选择有条件的县进行整体推进家庭农场培育工作的试点示范,在家庭农场规范引导、政策扶持、金融服务、人才培养等方面进行探索,总结推广成功经验。各级农业部门要发挥业务主管部门的职能作用,做好对家庭农场的调查、监测和分析,及时提出对策措施,着力破解发展难题。各级农办、发展改革、财政、国土资源、工商、税务、金融等部门要认真履行职责,加强支持,优化服务,积极推进家庭农场健康发展。

本意见发布后,《浙江省人民政府办公厅关于大力培育新型农业经营主体的意见》(浙政办发〔2012〕73号)的规定与本意见不一致的,按照本意见执行。

浙江省人民政府办公厅

2013 年 8 月 23 日

参考文献

[1] 谢梅芳. 家庭农场的推广难题及实施建议[J]. 湖北第二师范学院学报,2013(6):49-52.

[2] 高强,刘同山,孔祥智,等. 家庭农场的制度解析:特征、发生机制与效应[J]. 经济学家,2013(6):48-56.

[3] 付飞翔. 创新我国农业经营方式的未来选择:家庭农场[J]. 农村经济,2013(7):56-60.

[4] 徐会苹. 德国家庭农场发展对中国发展家庭农场的启示[J]. 河南师范大学学报(哲学社会科学版),2013(7):70-73.

[5] 伍开群. 家庭农场的理论分析[J]. 经济纵横,2013(6):65-69.

[6] 朱立志,陈金宝. 郎溪县家庭农场12年的探索与思考[J]. 中国农业信息,2013(7):12-16.

[7] 严秀珠. 利率市场化对农村合作金融机构的影响分析[J]. 中国乡镇企业会计,2013(7):53-55.

[8] 吴声怡,刘文生. 国外农业合作社品牌战略对我国的启示[J]. 中国合作经济,2008(8):14-17.

[9] 朱博文. 国外家庭农场模式[J]. 湖南农业,2013(6):38.

[10] 胡书东. 家庭农场:经济发展较成熟地区农业的出路[J]. 经济研究,1996(5):12-13.

[11] 黄延廷. 家庭农场优势与农地规模化的路径选择[J]. 重庆社会科学,2010(5):20-23.

[12] 胡光明. 对完善家庭农场经营机制的思考[J]. 中国农垦,2010(3):36-38.

[13] 李学兰. 农业组织化的实现形式:家庭农场[J]. 安徽科技学院学报,2010(4):91-94.

[14] 朱学新. 家庭农场是苏南农业集约化经营的现实选择[J]. 农业经济问题,2006(12):39-42.

[15] 印堃华. 我国农地产权制度改革和农业发展模式的思考[J]. 财经研究,2001,27(2):21-28.

[16] 胡鞍钢. 农业企业化:中国农村现代化的重要途径[J]. 农业经济问题,2001(1):10-22.

[17] 刘志扬. 新形势下推进农村经营机制改革的思考[J]. 经济与管理研究,1999(3):51-52.

[18] 方康云. 俄罗斯家庭农场的发展与现状[J]. 东欧中亚市场研究,2002(4):15-31.

[19] 朱博文. 美法日家庭农场发展的经验与启示[J]. 长江大学学报(自然科学版),2005(5):87-91.

[20] 傅爱民. 论我国家庭农场的培育机制[J]. 农场经济管理,2007(1):14-16.

[21] 陈华山. 当代美国农业经济研究[M]. 武汉大学出版社,1996(7):12-13.

[22] 陈光金. 中国乡村现代化的回顾和前瞻[M]. 长沙:湖南出版社,1995(2):191.

[23] 沈平. 农业规模经营模式选择[J]. 兵团党校学报,2004(2):17-19.

[24] 傅爱民.论我国家庭农场的培育机制[J].农场经济管理,2007(1):14-16.

[25] 周可.农村经济中"三层经营体制"模式初探[J].安徽农业,2004(8):55-56.

[26] 郭亚萍.生态农业模式与节能型家庭农场的构建[J].重庆社会科学,2009(9):117-120.

[27] 孙永正.规模经营者:农业增长方式转变的必由之路[J].农业经济,1996(2):101-106.

[28] 郑可峰.浙江省粮田适度规模经营的完善和发展[J].中国农村经济,1996(4):67-70.